謎とき日本合戦史

日本人はどう戦ってきたか

鈴木眞哉

講談社現代新書

プロローグ

陸軍『歩兵操典』の改正

日本とロシアが戦った日露戦争が終わってから四年目の明治四十二年（一九〇九）、陸軍は『歩兵操典《ほへいそうてん》』の改正を行った。『歩兵操典』というのは、簡単にいえば、歩兵の訓練や戦闘の方法についてのマニュアルであるが、天皇の裁可を経て施行されるものであるから、その位置づけはきわめて重かった。

改正のための作業は、明治三十九年から始められているが、前年終結した日露戦争の体験を取り入れようとの意図によるものであったことは、いうまでもない。同時に、それまでの操典がドイツ歩兵操典のコピーのようなものであったので、この際、わが国独自のものをつくりたいという思惑もあった。

改正に当たっては、五項目の「根本主義」つまり基本原則が打ち出された。順に眺めてみると、その一として、わが国の国情や国軍の組織、境遇に適合したものをつくりたいということ、その二として、無形教育つまり精神教育の骨子となる事項を加えたいというこ

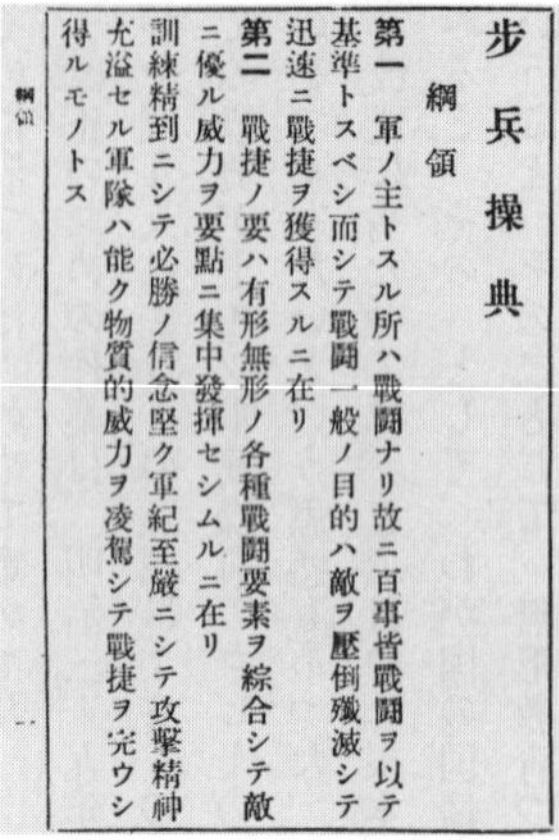
歩兵操典

綱領

第一　軍ノ主トスル所ハ戰鬪ナリ故ニ百事皆戰鬪ヲ以テ基準トスベシ而シテ戰鬪一般ノ目的ハ敵ヲ壓倒殲滅シテ迅速ニ戰捷ヲ獲得スルニ在リ

第二　戰捷ノ要ハ有形無形ノ各種戰鬪要素ヲ綜合シテ敵ニ優ル威力ヲ要點ニ集中發揮セシムルニ在リ
訓練精到ニシテ必勝ノ信念堅ク軍紀至嚴ニシテ攻撃精神充溢セル軍隊ハ能ク物質的威力ヲ凌駕シテ戰捷ヲ完ウシ得ルモノトス

『歩兵操典』の冒頭部分（綱領）

と、その三として、諸制式を戦闘に必要なものに限定して、教育の単一化を図り、別に儀式礼式に関する事柄を加えたいということがうたわれている。これ以来、精神教育が強調されるようになる。

四番目に、歩兵が戦闘の主兵であるという「主義」を一層明確にし、これに基づいて他の兵種との協同動作を規定するのだとある。陸軍には、歩兵以外にも騎兵、砲兵などさまざまな兵科があったが、数的には歩兵主体で組み立てられていた。それをさらに踏み込んで、歩兵こそ戦闘の主体となるべきものだと宣言したわけである。

実は、五項目の「根本主義」については、これらは単に『歩兵操典』だけではなく、将来、他の兵種の操典や教範の編纂、改正に当たって基準になるべきものであり、わが帝国のもろもろの典範の精神が湧き出てくる「源泉」であるとの断り書きが付いていた。これは、本来、歩兵科のマニュアルにすぎないものを他の兵科の訓練法や戦闘法の基準とするということにほかならない。ということは、戦闘についていえば、この操典に盛られた考え方が陸軍全般にわたる考え方であったことを意味している。

「白兵主義」の登場

それでは、肝心の歩兵はどういう戦闘法で戦うのかということになるが、その点については、「根本主義」の五番目として新たに白兵主義が打ち出されている。「攻撃精神を基礎とし、白兵主義を採用し、歩兵は常に優秀なる射撃をもって敵に接近し、白兵をもって最後の決を与うべきものなりとの意味を明確にすること」（原文は、旧仮名遣い、片仮名混じりで、濁点、句読点はない）とある。

「白兵主義」の意味については、後ほど改めて触れるが、とりあえずは銃剣突撃《じゅうけんとつげき》を主な戦闘手段と考えるような立場であると理解しておいていただきたい。それまでのドイツ流の操典でも、攻撃精神といったようなことが軽視されていたわけではないが、従来の考え方からすれば、これは百八十度とまではいえないにしても、かなり大きな転換であった。

明治二十四年（一八九一）に制定された操典では、「歩兵戦闘は火力を以て決戦するを常とす」とされていた。火力を十分に発揮するためには、密集せずに散開するほうがよく、散開した隊形での射撃こそ「歩兵の主なる戦闘手段」であった。平たくいえば、散らばって鉄砲を撃つことが歩兵の基本的な戦い方だということであり、この原則は、日清戦争後の明治三十一年（一八九八）の改訂の際にも変更されなかった。

それがなぜ一挙に転換したのか。背後にあった事情は、いろいろ考えられるが、その点については、後ほど論ずることとしたい。また、この明治四十二年改正の『歩兵操典』の思想がバンザイ突撃に象徴されるような玉砕主義につながったというような批判もあるが、その点もひとまず措《お》くこととする。ここで問題にしたいのは、白兵主義の採用に当たって、どういう理由づけがされていたかということである。

改正された操典が公布された後、全国の歩兵旅団長、連隊長らを集めた会議で、時の教育総監大島久直大将が「根本主義」についての説明を行った。教育総監は、参謀総長、陸軍大臣と並ぶ要職で、操典、教範などに関わることは、その所管に属していた。また、旅団長らが招集されたのは、『歩兵操典』というものが、そのレベルの組織の運用を想定してつくられたものだからである。

大島総監は、「白兵主義」について、戦争においてもっとも重要なものは攻撃精神である、その攻撃精神の結晶が銃剣突撃であるとしたうえで、日露戦争の経験に照らしても射撃だけで敵を撃退することは期待できない、銃剣突撃によって敵を殲滅《せんめつ》しない限り、戦闘の目的は達成しえない、だから操典の改正が必要になったのだと説明した。そのうえで、次のように述べた。

我邦古来《わがくに》の戦闘法は、諸官の知らるるごとく、白兵主義にして、白兵使用は我国人《わがこくじん》独特の妙技なり。故《ゆえ》に益々《ますます》この長所を発揮して、白兵戦闘の熟達を図ることは、我国《わがこく》民《みん》の性格に適し、将来の戦闘に対する妙訣《みようけつ》なれば、諸官はこの点に大いに力をつくさるること肝要なり。

改めて注釈を加えるにもおよばないだろうが、わが国の戦闘は、ずっと白兵主義で行われてきた、白兵を巧みに使うのは、わが国民だけがよくなしうるところである、だから白兵戦闘にいっそう磨きをかけることこそ、国民性にも適合しており、これからの戦闘に対応するためのすぐれたやり方なのだ、ということである。

「白兵主義」とはなにか？

大島総監のいっているように、白兵主義が「我邦古来の戦闘法」であったというのは、はたして本当なのだろうか。その疑問が本書の基本的なテーマといえるが、本題に入る前に「白兵主義」について、ざっと触れておきたい。

まず、白兵主義の「白兵」とはなにかということだが、これは一口にいえば、刃のついた武器（兵器のうち攻撃用かつ個人用のもの）の総称である。機能に即して、もう少し細かく分けると、「刃兵《じんぺい》」「鋒兵《ほうへい》」「刃鋒兵《じんほうへい》」の三種類となる。「刃兵」は斬撃《ざんげき》に用いるもので、刀剣がその代表である。「鋒兵」は刺突用《しとつよう》の武器のことで、鉾《ほこ》や槍がそれに当たる。「刃鋒兵」は斬撃と刺突の機能を兼ねたもので、わが国には適切な例がないが、ヨーロッパにはハルベルト（矛槍《ほこやり》）といったようなものがある。

　こうした意味内容からすると、「白兵」とは、古くからあった漢語のように思えるが、実は明治以後になって日本でつくられた言葉である。「白兵」に当たる言葉としては、フランス語にarme《アルム》 blanche《ブランシュ》、ドイツ語にBlankwaffen《ブランクヴァッフェン》があり、英語ではcold steel《コールドスティール》といっているが、それらのいずれかの翻訳語であったらしい。

　江戸幕府はフランスから軍事教官を招いていたし、明治新政府も当初はフランス式軍制を採用していたから、フランス語からつくられたのではないかとも思えるが、あまり古い時点での使用例は見たことがない。明治三十年（一八九七）に陸軍乗馬学校長の秋山好古《あきやまよしふる》が書いた「本邦騎兵用法論」や翌三十一年に改正された『騎兵操典』には出てくるから、このころには定着しつつあったということなのかもしれない。

　この「白兵」を用いて戦うのが「白兵戦」（ないし「白兵戦闘」）であり、「白兵戦」を演ずることこそ戦闘の基本であって、それによってのみ戦闘に決着をつけることができるという考え方が「白兵主義」というものである。

もっとも「白兵」の範囲を厳密に考えると、刀や槍、銃剣などをふるって戦う場合だけが「白兵戦」であって、竹槍や鉄棒を振り回して戦う場合は、その範疇《はんちゅう》に入らないことになってしまうが、そういうわけではない。戦国時代に多用された槍は、敵を突くというよりも、むしろたたき倒すために使われることが多かった。近代戦でも、歩兵の携帯シャベルを武器としたり、小銃を逆手に持って敵をなぐり倒したりした例がいくらもあるが、それだって「白兵戦」であったことに変わりはないだろう。

その意味では、「白兵戦」というよりも「接戦」とか、「肉薄格闘《にくはくかくとう》」（東条英機の父、英教中将の著書にある言葉）とかいうほうが適切かもしれない。本書では、特にお断わりしない限り、「白兵戦」と「接戦」、「白兵主義」と「接戦主義」は同じ意味で用いることとしたい。

火兵主義と遠戦

この「白兵」に対する言葉は「火兵」（ないし「火器」）であって、火力つまり火薬の力を利用する武器の総称である。だから、明治二十四年制定の『歩兵操典』のように、射撃こそ戦闘の基本であるという考え方は、「火兵主義」とか「火力主義」とか呼ばれる。

明治四十二年の操典改正に当たっても、射撃が戦闘経過の大部分を占めることや射撃教育にも力を入れる必要のあることは認められたが、それはあくまでも白兵戦を前提にしての話であった。白兵突撃をかけられるところまで敵に接近するための手段として、射撃が必要だというまでのことでしかない。

ところで、この「火兵」も厳密に解釈してしまうと、「白兵」と同じような問題が起きる。「火兵」とは、要するに飛び道具のことであるが、鉄砲や大砲のような火薬を用いる武器が出現する以前は、その種のものはなかったかというと、もちろんそういうわけではない。弓や弩《いしゅみ》（機械力を加えて矢を射出する武器）は、早くから世界の各地で用いられていたし、人力や機械力で石を飛ばすこともさかんに行われていた。

これらを主武器として戦うやり方も当然あったが、それは「接戦主義」に対して「遠戦主義」とでも呼ばれるべきものであり、「火兵主義」（ないし「火力主義」）も、当然、その中に包括される。というわけで、本書では、火器の使用を戦闘の基本とする考え方を「火兵主義」とし、火器以外の飛び道具を含めて広い意味でとらえた場合には「遠戦主義」という言葉を用いることとしたい。

ここでつけ加えておくが、大島総監の説明からもうかがえるように、わが国では「白兵主義」は「攻撃精神」とか「攻撃・攻勢主義」とセットで扱われることが多かった。だが、現実には、そうした必然的な組み合わせがあるわけではない。防御に回った側が「白兵主義」を採ることもありうるし、「攻撃精神」は戦車や飛行機を用いたって十分発揮することができるのである。

「白兵主義時代」はあったか？

わが国古来の戦闘法が白兵主義であったという見方が、どこから出てきたものかは、これから明らかにしなければならないが、確たる根拠があったとは考えにくい。せいぜい好意的にみても、単なる思い込みの産物であった公算が大であるし、もう少し、きびしく見た場合には、「ウソも方便」の類《たぐい》だった可能性が濃厚である。

もっとも、こうした見方は、世間の「公論」とはほど遠い。教科書や歴史事典なども含めて、日本人の戦い方について触れたものは、「白兵主義時代」の存在を認めていることにおいては共通だからである。

ここで「白兵主義時代」というのは、単に白兵戦が行われていた時代という意味ではない。一件でも白兵戦の事例があれば、そうであるなどといったら、わが国の歴史は、のべつ幕なしに白兵主義時代が続いていたことになってしまう。

「白兵主義時代」といえるのは、戦闘用の武器の主体が弓や鉄砲など遠戦用の武器ではなく、刀や槍に代表される接戦用の武器であった時代、しかも遠戦志向よりも接戦志向のほうが、明らかに旺盛だったとみられる時代のことである。

白兵主義時代の存在がどのように肯定されてきたか、具体例によって見てみよう。戦前、軍事史学者として活躍された佐藤堅司氏は、日本史を大きく五段階に分けて、神話時代から平安初期までを「弓箭《きゅうせん》本位時代」、平安中期から鎌倉時代の元寇までを「弓刀併用時代」、元寇から戦国時代の天文年間ころまでを「刀鎗《とうそう》併用時代」、天文年間の途中から幕末ころまでを「小銃本位時代」、それ以降を「銃砲本位時代」とした。「刀鎗併用時代」とは、明らかに白兵主義時代ということである。

この当時、日本戦史を扱ったものは山ほどあるが、白兵主義時代の存在を真正面から論じたものは意外にない。陸軍の意向をはばかったというよりも、白兵主義の時代があったなどというのは、あまりにも自明のことと考えられていたからだろう。中には、佐藤氏が遠戦志向と白兵志向をイーブンと見て「弓刀併用時代」と名づけた期間までも、刀主弓従時代のように見ている例すらある。

現在も続く「白兵主義時代」肯定論

戦後になると戦史研究といったようなものは、流行らなくなった。そのため、こうした問題を扱ったものは必ずしも多くないし、戦前のように白兵主義を古来からの伝統や国民性と結びつけて賛美するような傾向も、もちろん消滅した。それにもかかわらず、白兵主義時代の存在を認めるというところは、まったく変わっていない。

主武器と軍制から日本戦史の流れを考察した金子常規氏は、歩兵中心の古代から、平安時代には次第に騎馬弓兵中心となり、それが武士の勃興にともなって突撃騎兵中心に変わった、南北朝時代以降、再び歩兵の役割が増大し、騎馬兵も多く下馬して戦うようになって槍を主武器とする時代になり、さらに鉄砲が普及したため、槍銃併用の時代に移ったとされている。騎馬中心か徒歩中心かの違いはあれ、白兵志向の強い時代がずっと続いた後、白兵志向と遠戦志向が同じ程度に混在する時代に移行したということである。

武器ではなく、武具（兵器のうち防御用かつ個人用のもの）の変遷から見たものもある。国立歴史民俗博物館（千葉県佐倉市）の甲冑《かっちゅう》のコーナーの解説には、「甲冑は、その時代の主要武器のありようを反映している。弓矢が盛んだと大鎧《おおよろい》、刀や薙刀《なぎなた》だと腹巻《はらまき》・胴丸《どうまる》の類である。さらに鉄砲や鑓《やり》の歩兵集団戦が主体になると鑓先や玉を外すために鉄板仕立ての新様式の当世具足《とうせいぐそく》が流行した」とある。

これは弓矢主体の遠戦志向の時代、刀や薙刀主体の白兵志向の時代、槍・鉄砲主体の白兵志向・遠戦志向並存時代という流れを想定したものといえる。白兵志向がいつごろから旺盛になったかは、ここでは明確にいっていないが、徒歩・斬撃戦が盛んに行われるようになったのは、南北朝以降と見ている人が多いようである。

一方、これらとやや矛盾するが、鉄砲が普及定着するまでは、騎馬白兵中心の戦闘が行われていたという見方も根強くある。こうしたことを唱える人たちは、たいてい天正三年（一五七五）の長篠《ながしの》の戦いを念頭に置いている。織田信長が足軽鉄砲隊を駆使して武田勝頼の騎馬長槍部隊を打ち破ったことにより、一種の戦術革命が行われたと見るわけである。教科書や歴史事典を含めて、そうした主旨の説明をしているものはいくらもあるから、ご存じの方も多いだろう。

もっとも、こうした見解の持ち主も、必ずしも白兵志向の時代から直ちに遠戦志向の時代に切り替わったと見ているわけではなく、銃槍併用時代のようなものを想定しているのが普通である。佐藤堅司氏のように、鉄砲普及以後は「小銃本位時代」であるとドラスティックなことをいった人はあまりいない。

大山巌《おおやまいわお》元帥の子息で大著『戊辰役戦史《ぼしんのえきせんし》』の著者大山柏《おおやまかしわ》氏は、明治元年（一八六八）に起こった戊辰戦争こそ、白兵戦時代から火兵戦時代に移行する過渡期の戦争だったとされている。この戦争の過程で、それまでの白兵戦主体の密集突撃型の戦闘から火兵を主とする疎開型ないし遠距離型の戦闘へと徐々に転換していったというのである。たしかに戦国時代を火兵戦時代とは呼べないだろうが、これを白兵戦時代とするのは、それ以上に無理である。

いずれにせよ、戦前・戦後を通じて、わが国の戦史を論じた人で「我邦古来の戦闘法」として白兵主義の時代があったことを否定した人はまずいない。いつごろ始まって、いつごろ終わったのかという点について見解の相違があるくらいのものである。あれは明治の陸軍が広めたデタラメだろうといった荒木肇氏のような人もおられないではないが、例外的な少数派である。


すでにいったように、白兵主義が本当に「我邦古来の戦闘法」であったのかどうかを、確かめてみようというのが本書の目的である。歴史学者、軍人、もの書きなどと職業も違えば、それぞれの思想的立場も一様とはいえない大勢の人たちが認めていることを、あえて疑ってみるというのは、いささかツムジの曲がった行為のように見えるかもしれない。だが、歴史は多数決で決めればよいというものではあるまい。

わが国には、本当に白兵主義時代といえるようなものがあったのか、あったとすれば、それはいつごろの話なのか。また、そんな時代はなかったのだとすれば、誰が、なんのためにそういうことをいい出したのか。そのような説が広まった結果、どういうことになったのか。考えてみなければならないことは、いくらでも出てくる。

目次

第五の問い　武田騎馬隊の突撃、信長鉄砲隊の三段撃ちは本当にあったのか？……127

第八の問い　日露戦争後、なぜ白兵主義が採用されたのか？

第一の問い

武士たちは、なにを主武器に戦ったか？

先史時代〜平安時代

1　武士が登場するまで

「記紀」が語る戦い方

日本人の戦い方が、ある程度はっきりした形で見えてくるのは、武士といわれるような人たちが登場して以後のことである。それ以前、ことにわが国がまだ「日本」と称していなかった時代については、わからないことが多すぎる。それでも話の順序として素通りもできないので、ひとわたり眺めておきたい。

戦前から戦中にかけては、神話も歴史の一部とされていた。プロローグで紹介した佐藤堅司氏による戦史の分析が神話時代から始まっているのも、そのためである。この時代、日本の戦史を語ろうとする者は、神武《じんむ》天皇の東征から始めるのが普通であった。

といっても、戦後生まれの方などは、なんのことかわからないだろうが、天皇家の初代とされる神武が日向《ひゅうが》（宮崎県）から出発して、大和（奈良県）に侵入し、その地を征服して即位するに至るという一連の物語である。これは『古事記』『日本書紀』が伝えたものであるが、額面どおりに受け取れば、神武の即位は西暦紀元前六六〇年のことであった。

「記紀」の伝えるところによると、神武一行は、当初、日向から瀬戸内海を抜けて大阪湾に入り、生駒山を越えて大和に入ろうとしたが、土着の勢力の抵抗に遭《あ》って敗れ、迂回《うかい》作戦をとることとした。紀伊半島をぐるりと回って南紀に再上陸し、十津川沿いに大和に入ったというから、迂回も迂回、超大迂回だが、とにかくそれが成功したというのである。

前出の佐藤堅司氏などは、神武の行った戦闘について、両軍ともに徒歩の密集隊を主体とし、まず楯《たて》を並べて弓矢をもって戦い、次第に距離を短縮していって、鉾や剣で格闘したのだろうと分析されている。神話を史実のように取り扱わねばならなかったのは、やむをえないとしても、そうした戦闘形態は、そんなに古いものではなく、せいぜい「記紀」の書かれたころの状況を反映しているにすぎないだろう。

戦前・戦中の戦史は、神武東征に続いては、日本武尊《やまとたけるのみこと》や神功皇后《じんぐうこうごう》の物語を載せるのが定番のようになっていたが、それらを分析してみたところで、古代の戦闘法を探るうえで、なんの役にも立たないことは同様である。

次第に本格化した戦い

文献資料を当てにできない時代についても、考古学的な遺物はある。したがって、そこから探ってみるのも、一つの手であるが、文献的な裏付けなしに推測してみるだけでは、決め手に欠けることは否めない。

ともあれ、まず無土器時代あるいは石器時代と呼ばれる時代から見てゆくと、斧状の石器や槍先としても使えたと見られる尖頭型《せんとうがた》の石器が知られている。

次の縄文時代となると、石槍や石刀に加えて、弓や鏃《やじり》が出土している。単純に考えれば、まず接戦主義の時代があり、その後、遠戦主義が現れてきたということになりそうだが、それらが主に狩猟用だったのか、対人戦闘用だったのかは確認できない。そもそも、この時代に集団的な武力衝突が、そんなにひんぱんに行われていたかどうかが疑問である。

大林《おおばやし》太良《たりょう》氏によれば、民族学の立場から見た場合、未開民族の間では、開かれた戦場で白兵戦によって決戦する例はめったになく、政治的な集権化が進むにともなって接戦用の武器が使用されるようになるのだという。縄文時代にも、巨大遺構の存在などを見れば、集権化が進行しつつあったことは想像できるが、そうした傾向が本格化するのは、やはり弥生時代以降のことであろう。

弥生時代にも、接戦用、遠戦用双方の武器が存在したことはもちろんである。素材としては、従来の石、骨角、竹木などに加えて青銅さらに鉄が用いられるようになり、剣、矛《ほこ》、鏃などに加工されている。武器としての機能は、明らかに向上しているのである。また、この時代になると、短甲《たんこう》（胴体だけをおおう短い鎧《よろい》）と見られる武具の存在なども確認されるようになる。

大林氏によれば、接戦兵器の発達普及にともなって、当然、白兵戦も行われることになり、戦闘の様式が変わってくるが、それはひいては戦争の性格も変化させる。わが国に当てはめれば、弥生時代以降そうした傾向が生じたと考えられるという。たしかに『魏志《ぎし》倭《わ》人伝《じんでん》』（三国志・魏書東夷伝）に「倭国《わのくに》乱れ、相攻伐《あいこうばつ》すること歴年」とあるように、明らかに「戦争」と呼ばねばならないような事態が現れるのは、このころからである。

弓・弩が活躍

古墳時代以降になると、鉄製品を中心に武器・武具の内容は、ますます多彩なものとなる。また、戦争も国内戦のみではなく、対外戦を含めて本格化してくるが、具体的な戦闘方法などはよくわからない。『日本書紀』などには、かなり詳しい記述の見られる箇所もあるが、どこまで信じられるかは疑問である。

たとえば、弘文天皇と大海人皇子《おおあまのみこ》（後の天武天皇）が皇位を争った壬申《じんしん》の乱（六七二）の際の近江《おうみ》瀬田の戦いについて、『日本書紀』は「連《つら》ねる弩《ゆみ》乱れ発《はな》ちて、矢の下《ふ》ること雨のごとし」と述べている。徒歩兵主体の遠戦が行われたことになるが、これはどうも中国の史書を写したものらしいという。その一方、相当多数の騎馬兵が参加し、活躍したと見られる記事もあるが、どこまでが事実で、どこからが文飾かを見分けることはむずかしい。

律令体制が固まるにつれて、軍隊の編制や装備に関する制度は整ってくるが、建前と実態がどこまで一致していたかは疑問である。概括的にいえば、当初、国民皆兵的な行き方を取ったがうまくゆかず、次第に選抜徴兵のような形に移行し、さらには在地の豪族の私兵に依存するようになったこと、それと並行して、騎馬兵重視の傾向が高まっていったことがうかがえる。この二つの流れは、裏腹の関係にあったといえるであろう。

これらの騎馬兵は、弓兵としての役割を期待されていたと考えられるが、騎馬・徒歩を問わず、遠戦用武器は重視されていた。弓はもちろんであるが、中世以降の戦史からは姿を消してしまう弩《いしゆみ》も、当時は多用されていた。寛平六年(八九四)、新羅《しらぎ》船が対馬を襲ったとき、日本側は弩を主武器として、これを撃退している。新羅軍の戦死者三〇二人は、すべて射殺されたものであったというから、遠戦用武器の勝利だったといえる。

これらの事例だけで、武士の勃興以前は遠戦主義の時代だったと速断することはできないだろうが、少なくとも白兵主義の痕跡は認めることができない。

2　武士とはなにか？

武士、侍、武家

武士とはなにか、などということは、今さら取り上げるまでもないことだと思われるかもしれないが、「武士」という言葉の意味は、意外に明確ではない。というか、必ずしも一義的には用いられていない。また、武士と呼ばれるような人たちの生態そのものも時代によって変化している。たとえば戦闘要員としての性格が濃厚だった戦国の武士たちと、軍人というより行政官僚としての性格が強くなった幕末の武士たちとでは、まったく異質の存在といってもよい。

これではは武士の戦い方を検討するのにも差し支えるので、まず「武士」とは、本来なんだったのかを押さえておきたいが、学者はともかく、一般の人間は、「武士」と「侍」と「武家」は同じものだったように考えている。少なくとも、私などは、かなりの年齢になるまで、そう信じていたが、これはもちろん誤りである。

「侍」という言葉は、もともとはサムラフから出たものだという。これは、つま先を立ててひざまずく形のことで、柳田国男翁は「昔風と当世風」の中で「(それは)身分の低い者が、長者の前に奉仕する礼儀であり、同時に外敵警戒と臨時活動の準備であった」と説明されている。そういう具合に奉仕しなければならなかった人びとの範囲はすこぶる広く、一般の通念では、とても「武士」とは考えられないような者までも含まれてしまう。

また、「侍」を階層の意味でとらえた場合には、侍層に属する者以外にも「武士」と見るべき者はいくらもいたから、両者の範囲は必ずしも一致しないことになる。

武士を「武家」というのも一種の逸脱で、武家とは、本来、将軍家のことであり、それに仕える人たちは武家衆である。この意味での武家の家人となった者だけが武士であり、それ以外の武装して摂関家などに奉仕した者は、侍とはいえても武士ではないという解釈もあるが、これではあまりにも限定されすぎて、実態に合致しそうもない。

それがむずかしかったからか、あまり必要がなかったからかは知らないが、長い間、「武士」は、はっきり定義されないままになっていたようである。その代わり、武士とはこういうものである、というイメージのようなものなら、かなり早くから固まっていた。

それは高橋昌明氏が著書の中で指摘されているように、平安貴族との対比で、ポジ・ネガの関係に立つようなものであった。都にあって、だらだらと儀式や享楽に日を送っていたどうしようもない連中と草深い東国の農村で農業経営や開発に励み、武を練りながら力を蓄えていった人びとというおなじみの図式である。その延長として、武士化した農民が、貴族を打ち負かしたのであるという、これまたおなじみの歴史観も現れた。

実は、有力農民が開発した土地を守るために武装し、彼らが武士＝在地領主になったという従来の見方にしたがえば、平将門《たいらのまさかど》などは、いまだ武士とはいえないことになる。そのため、学問的には彼らは武士と呼ばれず、「兵《つわもの》」と呼ばれたりしているが、本書のように、その時代の人びとの戦い方がわかればよいという立場からすれば、そこまでこだわる必要はない。将門たちも含めて、「武士」ととらえておくこととしたい。

武士は騎馬弓兵

草深い東国から武士というものが現れ、彼らが王朝の旧勢力を打ち破って新しい時代を切り開いたという、これまでの「定説」については、以前から批判があったし、今日の学界ではむしろ劣勢なのではないかと思われる。しかし、教科書などがずっとそのように教えてきたこともあってか、歴史小説、歴史読み物、テレビドラマなどに至るまで、「定説」

は依然として健在であり、国民の「歴史常識」となっているようである。

だが、このような「歴史常識」は、そろそろ清算したほうがよさそうである。高橋氏によれば、本来、「武士」とされていたのは、弓馬という芸（技術）によって他と区別される社会的存在であり、さらにいえば、そうした武芸を家業とする特定の家柄の出身者であった。また、平安後期のそうした武士たちの武器・武具・武芸を仔細《しさい》に検討してゆけば、武士は都の貴族社会の中から発展してきたことが明らかであるという。

学界でのむずかしい議論とは無関係の私のような人間は、戦士としての武士の機能を単純に眺めてきただけだが、そうした観点から見た初期の武士の本質は、明らかに騎馬弓兵である。もちろん、彼らが表芸とした「弓馬の芸」（馬上からの射芸）は、彼らが開発したものではあるまい。また、そうした戦闘技術を身につけた職業戦士は、世界の各地に見られるもので、わが国に固有のものではない。だが、それだからこそ、武士とは騎射の芸能者だったという主張は、私にとっては、大変納得しやすいものといえる。

頼朝はなぜ西行に「弓馬の事」をたずねたのか?

武士の本場は東国であるという「常識」に対しても、私は昔から漠然とした疑問を抱いていた。『吾妻鏡《あづまかがみ》』に源頼朝と歌人・西行《さいぎょう》との有名な逸話がある。西行は、俗名を佐藤義清《のりきよ》という北面の武士（上皇の御所を警護する武士）であったが、若くして出家した。七十歳近くなって、奈良の大仏修復の寄進を仰ぐため、同族である奥州の藤原秀衡《ふじわらのひでひら》のもとへ赴いたが、途中、鎌倉でたまたま頼朝と出くわした。西行を館《やかた》へ連れ帰った頼朝は、彼が弓馬のことに詳しいというので、終夜それを語らせ、傍らの者に筆記させたという。

頼朝は、しきりに引きとめたが、西行は、翌日出立した。そのとき頼朝から「銀作《しろがねづく》りの猫」を贈られたが、門の外で遊んでいた小児に惜しげもなく与えてしまったという。頼朝・西行の出会いは、むしろこの話によって有名なのだが、この三年後、頼朝が奥州を征討したとき、平泉館《ひらいずみのやかた》の蔵の中には、数々の珍宝にまじって銀製の猫があった。してみると、小児にくれてしまったというのはウソで、本当は秀衡のところへ手土産に持っていったのだろうと推理した人もいるが、それはまあ、どうでもよい。

私が不思議に思ったのは、頼朝は、なぜそんなに夢中になって西行から「弓馬の事」を聞かなければならなかったのか、ということであった。たしかに西行は、藤原秀郷《ふじわらのひでさと》の後《こう》裔《えい》であり、在俗の間は「重代《じゅうだい》の勇士」として知られていたかもしれないが、武士の本場が東国であったものなら、何十年も前に武の世界から足を洗ってしまった都の人間をつかまえて、そんなことを聞く必要などなかったはずである。しかし、高橋氏の主張を聞けば、こうした疑問も氷解する。

惰弱な貴族像と剛健な武士像を対比させ、さらに東国の武士こそ本物の武士であるとするような論調は、近世の幕藩体制の中で、すでに骨組みがつくられていた。だが、それをさらにはっきりさせたのは、明治国家であったと高橋氏は指摘されている。「富国強兵」が追求される過程で、ナショナリズムを背景としたアカデミズムの世界において、国家目的にかなうような武士像や貴族像がつくり出され、次第に普及定着させられていったというのである。

3　武士たちは、どう戦っていたか？

平将門の戦い

ここで考えてみようというのは、十世紀、十一世紀頃の状況であるが、そのために使えそうな材料は、あまり多くない。『将門記《しょうもんき》』『陸奥話記《むつわき》（陸奥物語）』といった軍記類や『今昔物語集』のような説話集などがめぼしいところである。

『将門記』は、天慶二年（九三九）から翌三年にまたがって起きた平将門《たいらのまさかど》の反乱を扱った軍記である。将門側の関係者が書いたのではないかという見方もあるくらいで、信頼度はかなり高いとされているが、どこまで信じてよいかはわからない。

とはいっても、この場合、ほかに拠るべき史料もないので、『将門記』（原文は漢文）の記述にしたがって、そこに描かれた戦闘の有様を見てみよう。

将門の乱は、最終的には新皇《しんのう》と称した将門が京都の朝廷に対抗して関東の独立を図る形になったが、もともとは将門と彼の一族やこれと関わりのある豪族たちとの争いから始まったものである。したがって、『将門記』にまず出てくるのも承平五年（九三五）二月の源扶《みなもとのたすく》らとの戦いである。

たまたま旅行中に、あらかじめ布陣して待っていた扶らと戦わざるをえなくなった将門は、「身を励まして勧《すす》みより、刃を交えて合戦す」とあるから、一見すると白兵戦を挑んだようだが、これに続けて「幸いに順風を得て、矢を射ること流るるがごとく」、思うままに射当てたとある。風上に回って射戦を仕掛けたのが成功したということであろう。

この戦いの後、将門は敵の与党の村を焼き払い、出てくる者を射すくめたらしい。「箭《や》に中《あた》って死する者云々《うんぬん》」とはあるが、切られて死んだ者といった形容はない。同じ年に行われた叔父の平良正《たいらのよしまさ》との戦いについても、「射取る者六十余人」で残る者は逃げ隠れたようにいっているから、射戦主体で戦ったことは明らかである。

翌承平六年十月には、伯父の平良兼《たいらのよしかね》を頭とする一族の連合軍と戦った。相手は大軍で楯を垣のようにつき並べて猛攻をかけてきたとあるから、激しく矢を射かけてきたのであろう。小勢の将門側は、主将の将門も戦場に未着だったが、地形・地物《ちぶつ》などを利用して徒歩の弓兵を接近させ不意打ちをかけたらしく、「人馬八十余人を射取る」という戦果を上げている。

その後も、将門が反乱に至るまでの間には、たびたび合戦があり、将門が敗れたこともあるが、具体的な戦闘の状況はよくわからない。ただ、敵を射取ったとか、矢に当たったとかいう文言は散見されるのに対し、白兵を交えたというような記述は見当たらない。

源扶らとの戦いにあった「刃を交えて云々」に続いて、白兵の記述が現れるのは、天慶三年二月の下野《しもつけ》(現在の栃木県)某所での戦いである。平貞盛・藤原秀郷と戦った将門側の先鋒が敗れたので、将門は「剣を振るって自ら戦う」とある。

この月、将門は戦死する。その最後の戦いにおいて、小勢の将門側は、将門自ら先頭に立ち、順風に乗じて攻撃をかけ、敵勢を追い散らした。ところが、突然、風向きが変わり、馬を操れなくなった将門は、流れ矢に当たって戦死した。『将門記』は、将門の奮闘ぶりを伝えるが、白兵を振るって戦ったとは一言もいっていない。『将門記』がしきりに風のことをいっていること、将門自身も矢で射られていることを見れば、双方とも刀剣を執って戦ったとは考えにくい。『扶桑略記《ふそうりやっき》』に、この日、将門側で射殺された者が一九七人、討伐軍が奪った平楯三〇〇枚、弓・胡《やなぐい》(ここでは、矢を入れて携帯する道具)各一九九具、太刀五一柄《つか》とあることと考え合わせれば、これもまた射戦主体の戦闘であったに違いない。

外敵との戦いでは

平将門の乱の約八十年後、寛仁三年(一〇一九)四月に「刀伊《とい》の入寇《にゆうこう》」として知られる外敵侵入事件が起きる。大陸の沿海州地方にいた女真《じよしん》族が対馬・壱岐・北九州を襲い、太宰府《ざいふ》の官人らによって撃退されたというものであるが、そのときの報告書が残されている。自分たちの軍功を述べたものであるから、かなり割引きして考えなければならないが、当時の戦闘方法を知るうえでは、軍記類などとは違った重みがある。

それによると、船に乗ってやってきた刀伊側は、当然、歩兵主体で、楯と鉾の兵士、楯と太刀の兵士、弓矢の兵士という順に布陣して戦った。矢は短いが強力であったというから、単なる短弓ではなく、弩の類であったのかもしれない。これに対する日本側は、明らかに弓矢を主武器とし、騎馬兵主体であったことがうかがえる。

結果的には、刀伊側が退却して終わったが、拉致《らち》された者を取り戻せなかったところなどを見れば、日本側の決定的な勝利だったわけではない。金子常規氏などは、刀伊の巧妙な歩兵戦法に日本の弓騎兵戦法が通用しなかった、それは弓矢戦以外の戦法を持たなかったからだと評されている。これを裏返せば、当時のわが国には、白兵主義といった考え方は、まったくなかったということである。

前九年の役の戦い方

それから三十年余りした永承六年(一〇五一)、奥州で安倍氏による騒乱が発生する。安倍氏は、奥六郡(現・岩手県中央部)を押さえていた大勢力で、頼時・貞任《さだとう》父子のときには事実上独立し、さらに勢力を拡大しようとした。朝廷は、源頼義・義家親子に討伐を命じたが、頼義らは、出羽の豪族清原氏の応援を得て、康平五年(一〇六二)ようやく鎮圧に成功した。これを「前九年の役《えき》」といっているが、実際には前後十二年にわたっている。

この戦役については、『陸奥話記』(原文は漢文)という早い時期に成立したと見られる史料が残されているので、それにしたがって見てみたい。

なにぶん長い期間にわたる戦乱であるから、その間には野戦も、城郭(城柵)戦も見ら

前九年の役の戦い（「前九年合戦絵巻」より）

れるが、野戦については、騎馬兵による射戦が主体であったことがうかがえる。安倍頼時が戦傷死した原因は、流れ矢に当たったことであったし、源義家が希代の勇士とたたえられるようになった理由は、卓抜した騎射の技術によってであった。

安倍氏側が拠点とした「柵《さく》」と呼ばれる城郭の攻防は、もう少し複雑である。康平五年（一〇六二）の小松柵《こまつのさく》の戦いでは、城内から「矢石を乱発」したとある。「矢石」とは、後には単に弓矢の矢を指すにすぎない言葉となるが、この場合は、矢だけではなく、人力あるいは機械力を用いて石も飛ばしたのかもしれない。

攻撃側も、おそらく弓矢をもって応じたと思われるが、はかばかしくいかなかったのであろう。歩兵二十余人で一種の決死隊を組織し、「剣を以って岸を鑿《うが》ち、鋒《ほこ》を杖として巌《いわ》を登り」城中へ討ち入り、城兵を壊乱させた。最終的には「射斃《いたお》す所の賊徒六十余人」で、負傷して逃げ去った者は数知れなかったとあるが、素直に読むと、刀剣や鋒を携えて柵内に突入しても、白兵で殺した者はいなかったように受け取れる。

同じ年の厨川柵《くりやがわのさく》では、防御側は空壕《からぼり》に刀を立て、鉄菱《てつびし》の類をまき、遠い敵には弩を発し、近い敵には石を投げた。柵の下まで迫った者があれば、熱湯を浴びせたり、刀を振って殺したりした。攻撃側は、矢を浴びせかけ、烈風に乗じて火を放ったので、城中からは死を決した者数百人が鎧を着け、刃（刀であろう）を振るって切って出たが、ことごとく殺された。主将安倍貞任も剣を抜いて敵を斬ったが、鋒で刺されて死んだ。『陸奥話記』に、はっきりと白兵戦闘が描かれているのは、この場面だけである。

最後に『今昔物語集』であるが、そこには『将門記』や『陸奥話記』から採ったものを含めて、いくつかの合戦譚《かっせんたん》が載せられている。逐一検討している余裕はないが、本書のテーマとの関わりでいえば、戦場での主武器、ことに騎馬兵のそれは弓矢であったことが、かなり明確に示されている。

これに対し刀剣は、日常的な護身や争闘の道具といった感が強く、戦場での使用、ことに騎馬兵による使用の例は、まず出てこない。中には、刀剣では弓矢に対抗できないことを実証したような話もある。

戦場では弓矢が主、刀剣は従

ここまで見たところで、ほぼ明らかになったと思われるが、この時代の戦いの主体は騎馬の兵士であり、主たる武器は、弓矢であった。しかし、騎馬については異論はなさそうだが、弓矢が主武器であったことは、必ずしも「歴史常識」とはなっていない。

さきに触れた荒木肇氏は、学生時代、『平家物語』や『今昔物語集』などの戦闘場面をチェックしてゆくうちに、戦死者の九割以上が弓矢によるものとされていることに気がついた。そのことをレポートにして提出したが、担当の教授からは、まったく評価されなかったそうである。ご本人から直接聞いた話だから、間違いないだろう。

弓矢が主武器だったとは認めない人たちは、なにを代表的な武器であったと考えているのかというと、それは刀剣である。佐藤堅司氏は、武士の勃興以後、それまでの「弓箭本位時代」が「弓刀併用時代」となり、それが元寇頃まで続いたという見方をされていたが、多くの人は、これを「刀主弓従時代」というように、とらえているのである。

これは、もちろん誤った見方である。最近、近藤好和氏は『弓矢と刀剣』の中で、南北朝以前の中世前期における戦闘用の武器の主体は弓矢（氏は、史料上一般に使われている「弓箭」とする）であることを明快な形で主張されている。氏の論拠は、『今昔物語集』を中心に、『将門記』『陸奥話記』などを加えた戦闘記事の分析にあるが、それらが、当時の主武器が弓矢であったことを裏付けていることは、すでに触れたとおりである。

こうした明白な事実があるにもかかわらず、なぜ主武器は刀剣だったというような錯覚が生じたのかについて、近藤氏は、二つの理由を挙げている。その一は、南北朝以降、武器の主体が打刀《うちがたな》（刃を上に向けて腰に差す形式の刀）と槍（当時の史料では、通常「鑓」と表記）に移行したことである。これに加え、近世以降、大小二本の刀を差すことが武士身分の標識のようになったため、いっそう武士＝刀剣という感覚が定着しやすくなった。理由の二は、後世まで残された遺品は、刀剣が圧倒的に多く、弓矢はきわめて少ないことである。

いずれも、まったくそのとおりであるが、南北朝以降、槍と打刀が主武器であったのは、その普及度においてであって、必ずしも戦場における有効性によってではなかった。特に、刀については、そういえる。そのことは後に詳しく述べるが、敵に与えた損害の程度からいえば、戦国時代の後半になっても、弓矢のほうが刀はもちろん、槍よりもまだ有効だった。さらにいえば、鉄砲は弓矢よりもずっと有用であった。

このように弓矢と刀剣を並べた場合、弓矢は鉄砲が普及するまでは、間違いなく代表的な武器であったし、鉄砲普及後も重要な位置を占め続けた。これに対し、刀剣は、ただの一度も、そうした位置にあったことはない。その意味では、弓矢ではなく、刀剣が戦場の主役だったというような見方は、二重三重の錯覚に陥っていることになる。

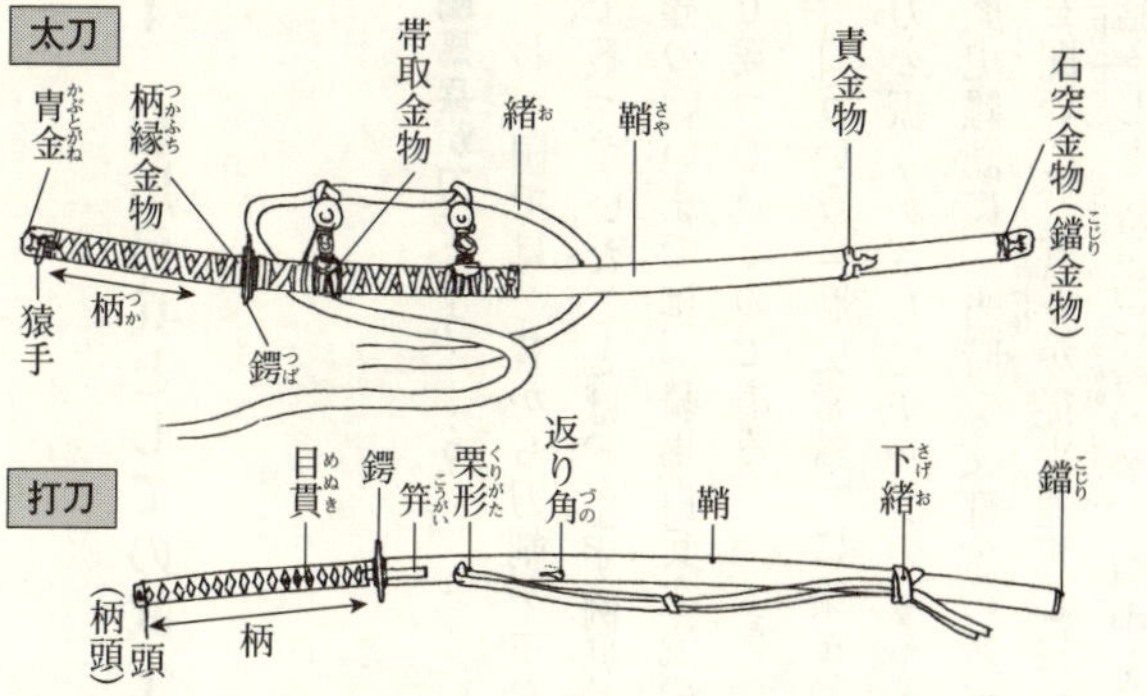

太刀と打刀

こうした錯覚がいつ頃生まれたのかは、正確にはわからないが、弓矢と刀剣の武器としての比重が実感できた時代には、そんな見方は絶対になかったはずである。

世の中が泰平《たいへい》になると、戦場の実態を知る者もなくなり、軍記や軍談の空疎な話が横行するようになる。それと並行して、二本差しが武士の標識になると、「刀は武士の魂」などといわれたり、日本刀こそは、比類のない武器であるかのようにたたえられたりするようになる。

そのような背景があって、古くから刀剣が主武器であったかのような錯覚が生じたのだろうが、それはまた、陸軍『歩兵操典』改正時の説明にいう「我邦古来の戦闘法は……白兵主義にして、白兵使用は我国人独特の妙技なり」という発想にも連なってゆくこととなる。

4　騎馬弓兵としての武士

騎馬兵が刀で戦う……？

わが国では、昔から刀剣が主たる武器だったと信じている人たちも、古くは騎馬兵主体で戦っていたことは、まず例外なく認めている。だからこそ、天正三年（一五七五）の長篠の戦いまでは、騎馬白兵主流の時代であったなどという説が教科書や歴史事典の類にまで載っているのである。

こういう「歴史常識」に染まった人たちの思い描いている戦いとは、馬に乗った連中が刀を振りかざしてチャンバラをやっていたというものである。昭和十三年（一九三八）の歴史雑誌に、当時、文部省の維新史料編纂官《へんさんかん》だった藤井甚太郎氏が『戦争』という言葉を聞いて、吾々《われわれ》が従来連想し来たったものは……色とりどりの威《おど》しの鎧着けたる武士が、猛々《たけだけ》しき駿馬《しゅんめ》に跨《またが》って、陣中を縦横に駆け回り、徒士《かち》・馬上の敵の数人を斬りまくるという構図の範囲を出ていなかった」と書いている。

藤井氏は、もちろん、そんな戦争観がいつまでも続いていることを苦々しく思っておられるのだが、一般の人びとの感覚は、そんなものであった。専門家にしたところで、大方は、長篠の戦いまでは、馬上で槍や刀を振り回すのが戦闘の主流であったなどということを、本気で信じているのだから、五十歩百歩というものだろう。

だが、ここまで十世紀、十一世紀頃の武士たちの戦い方を見てきた限りでは、そういった情景は、まったくといってよいほど、見ることができなかった。それでは、その後はどうなったのだろうか。

本書はミステリーではないから、先にタネを明かしてしまうが、騎馬兵に関していえば、相互に馬上で白兵を振るって渡り合うといった光景は、これから後もあまり見ることはできない。まったくなかったとはいわないが、そうした戦闘は、例外的あるいは散発的にしか起こりえなかったといえる。

すでにいったように「武士」というものは、もともと騎馬弓兵であった。時代が下がるにつれて、必ずしも弓は手にしなくなり、馬に乗ったまま戦うことも少なくなったが、出発点は大事である。

江戸時代の故実家伊勢貞丈《いせさだたけ》は、古くは弓を持たずに馬に乗る者はいなかったと記している。山鹿流軍学を開いた山鹿素行《やまがそこう》も、遠い昔は武芸訓練の中心は騎射つまり馬上で弓を射ることであったといっている。武士が騎馬弓兵であったという記憶は、近世まで持ち伝えられていたのである。それがまったくといってよいほど忘れ去られてしまったのは、近代以降のことのようである。

騎馬武者の刀は指揮刀

騎馬弓兵という型の戦士は、別に特異なものではない。古くから世界の各地で見られたものである。西暦紀元前七〇〇年頃までは、軍用に馬を用いた地域では、王侯や大貴族は馬に牽《ひ》かせる戦車に乗り、もう少し下位の貴族たちが騎馬兵となったといわれる。彼らは武器や武具を自弁したが、地域によって弓が主武器であったり、投槍あるいは槍が主武器であったりした。

紀元前後には、インドを除くアジア一帯で騎馬弓兵は主役となり、後にはローマ帝国やビザンチン帝国も、これを採り入れた。騎馬弓兵の伝統は、その後もずっと続き、わが国で武士が登場した頃にも、世界の各地で活躍していたことは、いうまでもない。

このように馬と弓の組み合わせは、世界的に見られた現象であったのに対し、騎馬白兵を主力とするような行き方は、普遍的なものではなかった。多くの人たちが「武士」像、ことに初期のそれとして思い描いている、馬上で刀を振り回すような形の戦士というのは、いつでも、どこでも見られたわけではない。

もちろん、わが国の武士たちも、当初から刀剣は携えていたに違いない。安芸武田流の弓馬軍礼を伝えていた金子有鄰《かねこゆうりん》氏によると、馬上では槍や薙刀のような長物《ながもの》は、容易に使えるものではなく、なんといっても使いやすいのは、刀だそうである。もっとも、騎馬武者の武器としての刀は、あまり有用性はなく、槍などの長物を持った徒歩武者と渡り合うのはむずかしいとも、金子氏はいわれている。だから馬に乗る武士は、長物を持たせた徒歩の兵士を左右に従えたもので、刀の主な役割は指揮具だったというのである。

西欧の騎士と武士の違い

初期の武士たちが、馬上で白刃を振るっていたというような誤解が近代以降に出てきたのは、ことによると武士とヨーロッパの騎士との類推が背景にあるのかもしれない。これは類推というよりも混同ではないかと考えられるが、そのまた背景には、わが国の歴史とヨーロッパ、ことに西ヨーロッパの歴史の相似といったことがあるようである。

両者の相似は、いろいろなところに見出せるようだが、特に指摘されることが多いのは、ともに封建制の時代を持ったことがあるという点である。このことは、日本の学者も早くから気づいていたようだし、ヨーロッパの学者も認めている。フランスの中世史家として有名なマルク・ブロックも、日本において、西ヨーロッパの封建体制に酷似した人的・土地的従属関係の体系が形成されたと記している。

双方の体制が同じようなものであったとすれば、そこから現れた騎士と武士も、きわめてよく似た存在ととらえられても不思議はない。マルク・ブロックは、必ずしもそうは考えていなかったようだが、ドイツの著名な軍事史家ハンス・デルブリュックなどは、明らかにサムライ＝日本の騎士としてとらえている。最近出されたフランス人学者の著書の日本向け序文にも、「騎士に相当する武士云々」とあるところを見ると、こうしたとらえ方は、今日では、ごく当たり前なものなのかもしれない。

東西の封建制の異同、さらに武士と騎士の本質的な異同といった議論は、専門家にお任せするが、表面的なあり方を観察しただけでも、武士と騎士の間には、大きな相違点が一つある。それは、初期の武士が明らかに騎馬弓兵であったのに対して、ヨーロッパ中世の騎士はそうではなかったということである。

白兵にこだわった西欧の騎士

騎馬弓兵の活動した期間はきわめて長く、地域的にも東ヨーロッパなどを含めたユーラシア大陸の各地で見ることができる。ところが、西ヨーロッパの騎士たちだけは、数少ない例外に属していた。もう少し詳しくいうと、カール大帝（シャルルマーニュ　七四二〜八一四）は、騎士たちの間に弓矢を導入しようと試みたが、結局、成功しなかったのである。彼らは、あくまでも槍、剣、斧などで戦うことに固執した。

もっとも西ヨーロッパで乗馬の弓兵がまったく見られなかったわけではなく、騎士たちの従兵の中には、馬に乗った弓兵や弩兵がいた。ただし、それらの兵士は必ずしも馬上で戦ったわけではなく、馬は移動の手段にすぎないケースも多かったようである。

いずれにしても、わが国の武士と同列に見られているような騎士階層の連中は、決して飛び道具を手にしようとはしなかった。彼らが遠戦用の武器を用いるようになるのは、十六世紀半ばになって歯輪銃《しりんじゅう》（黄鉄鉱などと鋼鉄の転輪をぶつけて発火させる銃）が普及して以降のことであるから、絶縁状態は、ずいぶん長く続いていたことになる。

騎士たちが遠戦用の武器を忌避《きひ》した理由は、単純ではなかったようだが、一般には白兵志向が強かったからだと解されている。たしかに、それは大きな理由だったに違いないが、それでは、なぜ彼らが伝統的に白兵を好んだのかとなると、まだ誰にもわかっていない。

バート・S・ホール氏は、飛び道具では手加減するのがむずかしいが、白兵なら、それが可能だったことが一因ではなかったかと推定している。それによって、敵を殺さずに度量の広さを誇示したり、捕らえて身代金を取り上げたりすることができたからである。逆に、そうした手加減の必要性のない場合、たとえば、いわゆる十字軍に加わって異教徒と戦うようなときには、彼らも本当に敵を殺すために白兵戦を演ずることはあった。

一般に、ヨーロッパ域内における中世の戦闘というのは、表向きの白兵志向の強烈さとは裏腹に、それほど苛烈なものではなかったようである。一一一九年にフランスとイギリスがノルマンディーの支配を争ったある戦闘の例で見ると、イギリス側五〇〇騎、フランス側四〇〇騎の騎士たちが激突しながら、戦死者わずかに三名、フランス騎士一四〇名が捕虜となっている。どう考えても本気でやっていたとは思えない。

こうして見てくれれば、わが国の「武士」たちと西ヨーロッパの騎士たちを戦士として比較してみた場合、かなり異質な存在であったことは明らかであろう。

第二の問い

源平の武者は、どのように戦ったのか？

平安～鎌倉時代

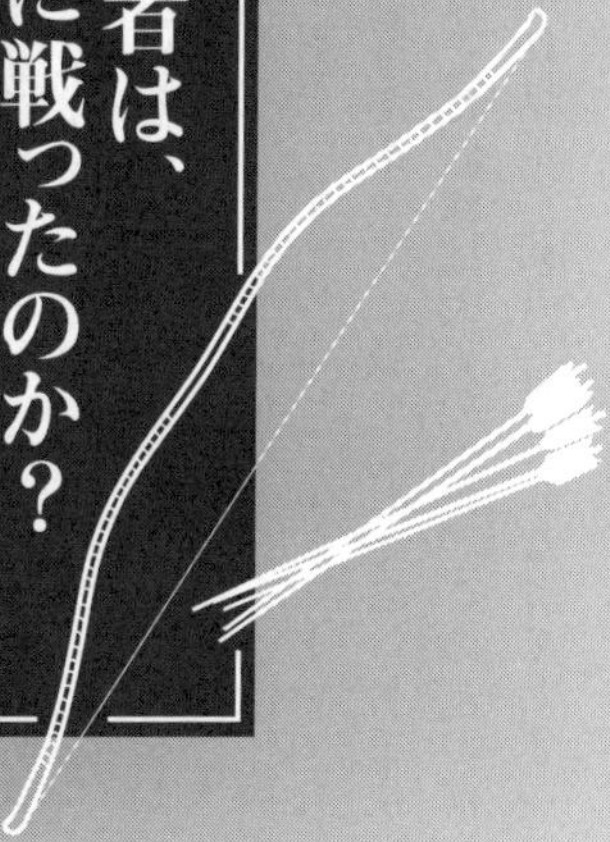

1 『平家物語』の合戦譚は本当か?

源平の興亡

源平合戦譚というのは、昔から日本人の大好きな物語である。といっても、今の若い人たちなどは、どの程度の知識と興味を持っておられるのかわからないが、一口にいえば、都で権勢を誇っていた平氏に諸国の源氏が反旗をひるがえし、ついに平氏が滅亡に至るまでの一連の物語である。

平氏が興隆するに至った過程には、保元の乱(一一五六)、平治の乱(一一五九)といった事件があった。保元の乱は、天皇家・摂関家の権力闘争であって、戦いとしては一日で決着のついた小規模なものだったが、その後の歴史に与えた影響は大きかった。この乱の前年に生まれた僧・慈円《じえん》は、その著『愚管抄《ぐかんしょう》』で、それ以来「武者ノ世」になってしまったといっている。

これに続く平治の乱は、源義家の曾孫義朝と平清盛の対立が一つの軸となっている。これも戦いそのものは、さしたる規模ではなく、比較的簡単に終わってしまったが、源氏の本流が壊滅してしまったため、権力は平氏の手に帰することとなった。

平氏の総帥《そうすい》清盛は、太政大臣にまでのぼりつめ、娘を宮中に入れて皇室の外戚《がいせき》ともなった。全盛期には、一門の公卿《くぎょう》（閣僚級の公家）十六人、殿上人《てんじょうびと》三十余人といわれたから、まさしく「平氏に非ずんば人にあらず」である。

もちろん、これに反発する者もいた。まず、源氏の中にあって中央でわずかに命脈を保っていた源《みなもとの》頼政《よりまさ》が以仁王《もちひとおう》（後白河天皇の子）と組んで、平氏政権の転覆を企てた。この計画は失敗に終わって二人とも死んでしまったが、諸国の反平氏派と目される者たちに以仁王の令旨《りょうじ》（命令書）がばらまかれた結果、その後立ち上がる者が相次いだ。源頼朝も源（木曾）義仲も、その一人である。

もっとも、源氏と平氏の対立ということから、源氏系の氏族は、ことごとく源氏方に結集し、平氏の系統に連なる者たちは、すべて平氏の旗の下に集まったと想像してはいけない。頼朝の舅《しゅうと》でスポンサーでもあった北条氏、最初から頼朝を支援した三浦氏などは、いずれも平氏の流れと称していた人たちである。この種の例は、ほかにもいくらもある。源平合戦というのは、別に氏族対氏族の抗争だったわけではない。

それはさておき、その後、いろいろと紆余曲折はあったが、抗争のさなかに清盛は病死し、北陸道を攻め上った義仲が都に迫ったため、平氏一門は都落ちした。これが寿永二年(一一八三)七月のことであるが、いち早く入京を果たした義仲も、後白河法皇や頼朝と対立し、翌年正月には頼朝の弟義経らと宇治、瀬田に戦って敗死する。

一方の平氏一門も、結局、頽勢《たいせい》を立て直すことはできず、義仲滅亡の翌月には摂津一の谷の戦いに敗れて畿内の本拠を失い、翌寿永四年(一一八五)には四国屋島の新たな陣営を追われ、その一ヵ月余り後に長門《ながと》壇《だん》ノ浦《うら》の海戦で全滅してしまう。

比較的最近までは、これら一連の合戦譚は、たいていの日本人にとっては、おなじみのものだった。「宇治川の先陣争い」「鵯《ひよどり》越《ご》えの逆落とし」「那須与一の扇の的」「義経の八《はっ》艘《そう》飛び」などのお話は、小学生だって知っていた。それらがどこから出てきたかといえば、『平家物語』や、それをさらに詳しくした『源平盛衰記《じょうすいき》』からであった。

『平家物語』の源平合戦観——勇猛な東国武士と軟弱な西国武士

多少、単純化していえば、これまでの源平合戦観というのは、『平家物語』の上に成り立っていたようなものである。だが、『平家物語』は、文学作品であるから、虚構もあり誤謬《ごびゅう》もあることは当然である。そのことは早くから指摘されていたが、それにもかかわ

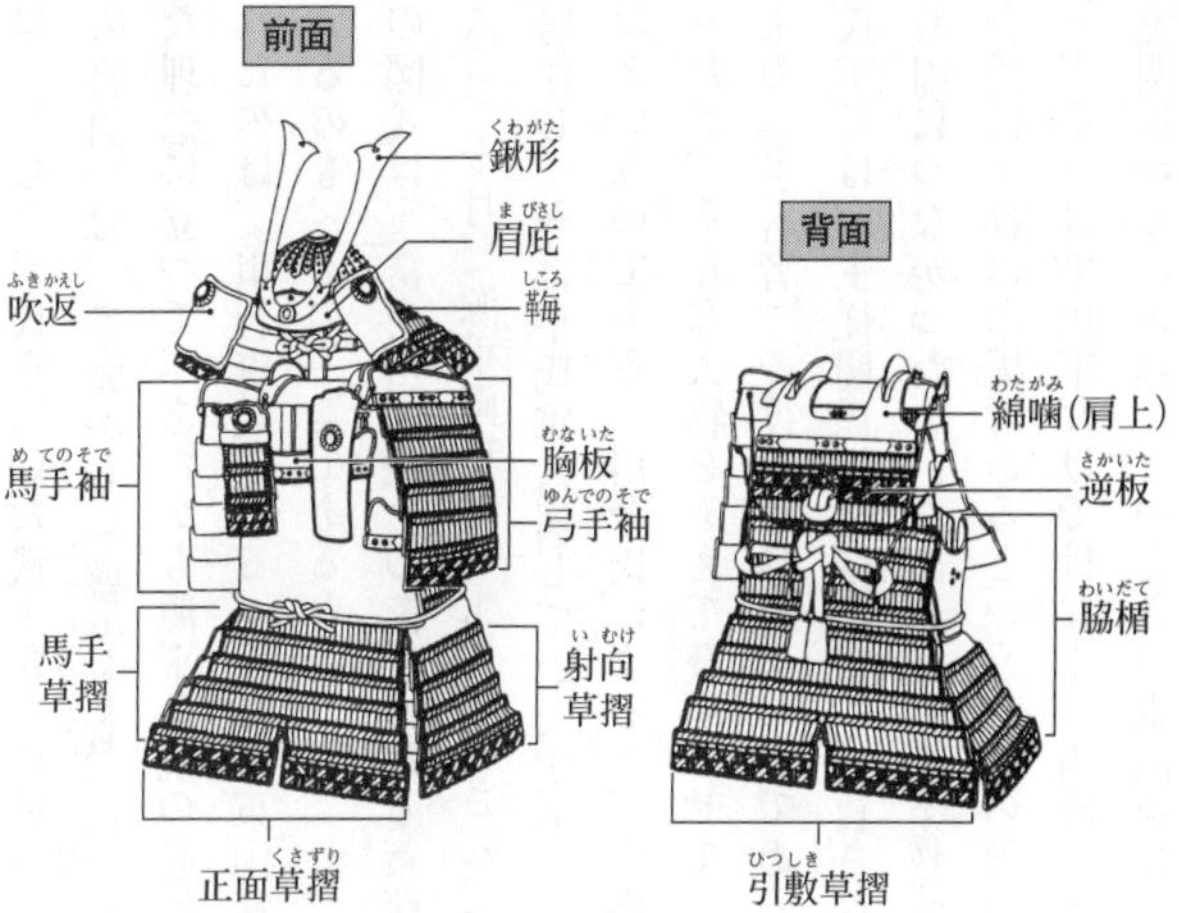

騎馬武者の大鎧《おおよろい》（鎌倉時代）

らず、平家物語的源平合戦観は、ずっと生き長らえてきた。ようやく正面きった批判が見られるようになったのは、最近のことである。

　たとえば、『平家物語』は、弓馬の術にすぐれ、親が討たれようが子が討たれようが、屍《しかばね》を乗り越えて戦う源氏方の東国武士たちと、弓馬の道にも慣れない惰弱な平氏方の武士たちとを対比的に描いている。

　武士の起源のところでも触れた東国武士こそ本物の武士であったというおなじみの図式であるが、それがまったくの誤解であることは、高橋昌明氏らが明らかにされているとおりである。馬上の射術にすぐれていたのは、むしろ平氏軍にいた武士たちのほうであった。
『平家物語』は、巻頭から「盛者必衰《じょうしゃひっすい》の理《ことわり》」を強調しているが、平氏一門の滅亡を、そうした理念に立って、あたかも源平争乱の必然的な結末だったかのように描いていると指摘されたのは、川合康氏である。勇猛な東国武士と軟弱な西国武士といった図式を持ち出しているのも、その一端であるという。

この図式は、富士川の戦いの箇所にある斎藤実盛《さいとうさねもり》の話に出てくるものである。治承四年（一一八〇）十月、源平両軍が富士川をはさんで対陣していたとき、かつて源氏の家人《けにん》で東国に居住し、今は平氏軍に属していた実盛が、大将である平維盛《たいらのこれもり》の諮問《しもん》に対して、そう答えたというのである。川合氏によると、実盛は、そもそも富士川の対陣に参加していないそうだが、そんな人物をあえて登場させて、そうした話をつくったのは、平氏滅亡という結末の「予言者」の役割を与えるためであるという。

平氏軍には、主従関係に基づかずに動員されてきた「駆武者《かりむしゃ》」が多く、彼らの行動がとかく敗因につながったというのも、『平家物語』がたびたびいっているところだが、これも川合氏によれば虚構であるという。この種の兵士は、源氏軍にもかなりの比重で含まれており、それは平氏軍だけではなく、当時の軍隊そのものの特徴だったというのである。

事実関係からいえば、このときの東国遠征は失敗に終わったものの、平氏は、その後三年近く都にとどまっていた。軍事的には、しばしば源氏軍よりも優勢であった。そうしたことを考えれば、平氏軍が『平家物語』がいうように、武芸にうとかったわけでも惰弱だったわけでもないことは明らかである。

それにもかかわらず、斎藤実盛に仮託された源平両軍の対比論は、後世の人たちに、ずっと信じられてきた。ことに「いくさは又親も討たれよ、子も討たれよ、死ぬれば乗りこえ乗りこえ戦う候《そうろう》」というフレーズなどは、戦時中、白兵主義、玉砕主義を鼓吹していた人たちには、おあつらえ向きだったらしい。私も当時の小学校（正確には国民学校）で教えられた覚えがある。

源平合戦の見方

源平双方の軍隊については、このように早くから一定のイメージが定着していたが、一連の合戦の中で、源平の武者たちが、どういう戦い方をしていたかについても、戦前から固定した見方ができている。

たとえば、藤井甚太郎氏が騎馬白兵的戦争観を批判したのと同じ雑誌の同じ号で、橋本徳太郎という人が、この時代の戦闘方法を説明して、「最初少時の矢戦より直ちに白刃閃《ひらめ》く平地の決死戦が演ぜられるのである。馬上豊かに乗り出して名乗りを揚げ、敵をさしまねき太刀を振るって駆け合わせる。団体でなく個人的（な戦い）である」と記している。
この人は、楠《くすの》木《き》正成《まさしげ》を奉賛する会や南朝を敬仰する会の幹部だったが、別にそうした立場からの偏見というものはない。鉄砲が普及するまでは、馬上の白兵戦主体に戦われていたというのは、現在でも、学者を含めて多くの人が信じているところである。したがって、源平合戦もそうだったと考えるのは、戦前だけではなく、今日の「歴史常識」にも即した話なのである。

団体戦ではなく個人戦だったというのも、格別変わった見方ではない。戦史研究家だった中井良太郎中将なども、寿永三年（一一八四）正月の義経と義仲の戦いについて、「当時の一騎打ち戦の格闘戦では戦術的価値は乏しい」から、詳しく述べてみたところで始まらないと書いている。当時の戦闘を一騎打ちの集積のように考えるのも、いまだに続く「歴史常識」のようなものである。

こうした見方がどこから出てきたものか、実はよくわからない。すでに見たように初期の武士たちは、明らかに騎馬弓兵であった。それが本当に騎馬白兵の戦いを演ずるようになったのだとすれば、どこかの時点で変貌したことになるが、金子常規氏などは、それを保元・平治の乱のころだとされている。

これは『保元物語』『平治物語』などの軍記をふまえてのことらしいが、軍記物の信頼性には問題がある。それというのも、読者（語り物として機能する場合には聴衆）を喜ばせる必要から、虚構や誇張をいとわないからである。また、今日のマスコミと同じで、ありふれた事象、事件は取り上げず、特異な事例ばかりを強調したがる傾きもある。

南北朝以降になると、当事者の報告や覚書など、かなり信頼度の高い史料が増えてくるが、それらと軍記類をつき合わせてみると、同じ戦闘であっても、まったくイメージの異なるようなことが少なくない。たとえば、弓や鉄砲によって、おびただしい死傷者が出ていることは明らかであるのに、軍記のほうは飛び道具のことなどにはまったく触れず、もっぱらチャンバラ場面ばかり描いているような例がいくらもある。

というわけで、『保元物語』『平治物語』にしろ、『平家物語』や『源平盛衰記』にしろ、当然、そうした感覚で読まなければならないが、仮に、そのような割引きなしに無批判に見ていったとしても、騎馬白兵時代の到来など、とても読み取ることはできない。

騎馬兵が白兵を執って突撃する場面などありえなかったろうことは、別の角度からも裏付けられる。まず、この時代の軍馬というのは、きわめて小型であった。源平時代の代表的な名馬である「生食《いけずき》（生喰）」にしても、体高約一四五センチメートルにすぎなかったし、源義経の乗った「青海波《せいがいは》」は、約一四二センチであった。一四七センチ以下をポニーとする今日の馬の分類からすれば、まさにその部類である。

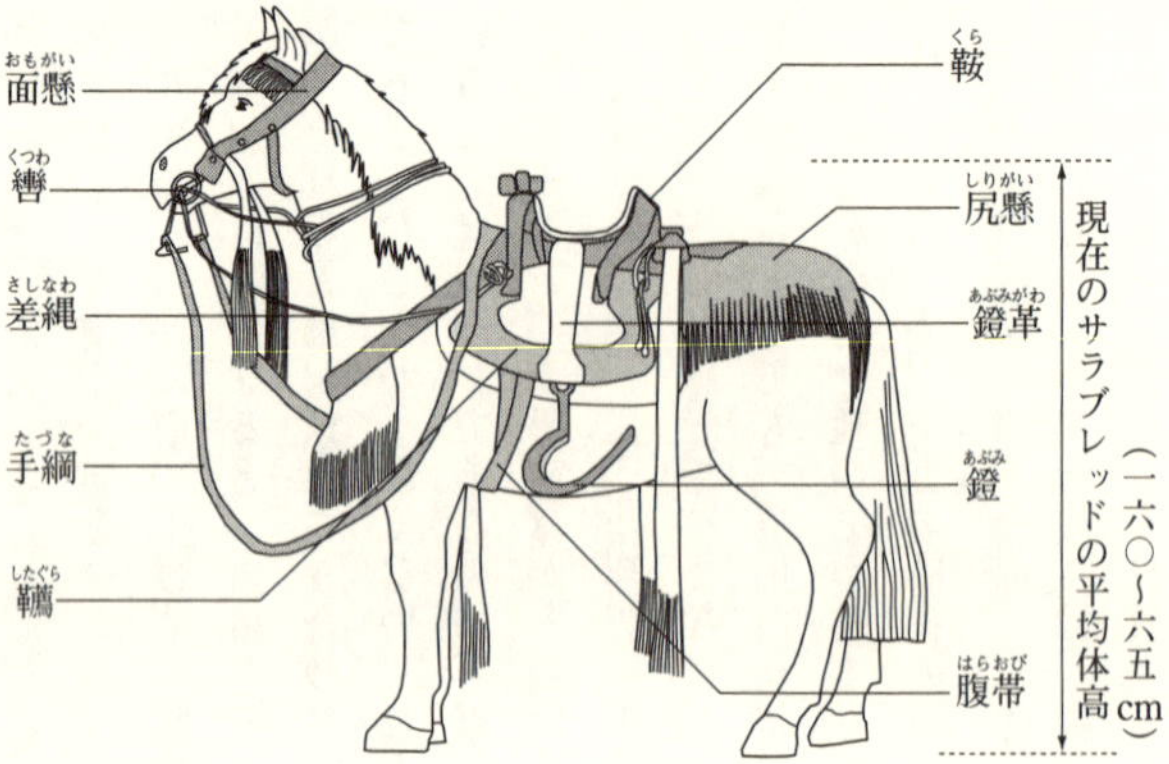

中世の馬装

　もっと時代の下がった戦国武将の乗馬については、実際に遺骨が出土した例があるが、それらも一二〇センチからせいぜい一四〇センチどまりでしかない。とすれば、「生食」クラスであれば、当時は格別の大馬だったのである。

　こうしたわが国古来の馬は、馬格は小さいにもかかわらず、去勢の習慣がなかったせいなどもあって気性は荒く、扱うのは大変だった。「生食」という名称にしても、人でも馬でもかまわず食いつくので、そう名づけられたのだといわれている。

　こんな小さな馬が重武装の兵士を乗せて駆け回れたものかどうかはなはだ疑問だが、その点については、先年、ＮＨＫが歴史番組制作に当たって実験してみたことがある。中世の馬と同じ体高一三〇センチ、体重三五〇キログラムの馬に、体重五〇キロの乗員と甲冑《かっちゅう》相当分四五キロの砂袋を載せて走らせたところ、分速一五〇メートル出すのがやっとで、しかも一〇分くらいでへたばってしまったという。旧陸軍の基準では、速く走る駆歩（ギャロップ）は分速三一〇メートル、最高では分速四二〇メートル要求されていたのだから、はるかに劣っている。

騎馬武者の一騎打ちは例外

『平家物語』や『源平盛衰記』に出てくる騎馬武者が白兵を振るって戦うようなシーンは、まったくの絵空事ではなかったかもしれないが、全体として見てゆけば、それが戦闘の主流となったとは、とうてい認められないし、騎馬兵の主武器は、依然として弓矢であったことも明らかである。

一騎打ちが戦闘のベースであったかのような見方についても同様であって、弓矢にしろ白兵にしろ、馬上での一騎打ちの例は、軍記にもあまり見ることができない。一対一の戦いが、はっきりした形で見られるのは馬上あるいは下馬しての組討であって、斎藤実盛と木曾義仲の部下手塚光盛《てづかのみつもり》との組討、平家の若武者平敦盛《たいらのあつもり》と熊谷直実《くまがいなおざね》との組討など『平家物語』などにはいくつか事例があるが、どこまでが真実であるかはわからない。軍記などというものは、日常茶飯のありふれた事柄など記さないのが普通であるから、それらの組討譚が虚構ではないとしたら、話題になりそうな珍しい話として書き記されたままであろう。そうした戦い方が主流であったなどとは、とうてい考えられない。

戦前、甲冑の研究家として有名であった山上八郎氏は、この時代の戦い方について、「戦闘は馬上で決し、多くは弓矢を以って射合ったもので、後世の如《ごと》く激烈な駆引や、接戦の太刀打ちなどは、むしろ稀に見るところであったらしい」と記されている。当時の甲冑のあり方と引き合わせながら軍記類を読み解いてゆけば、当然、そういう結論に到達せざるをえなかったのであろう。

実際に武士たちの戦い方に変化が生じたのだとすれば、騎馬弓兵がある時点で、にわかに突撃騎兵化したというような方向で考えるべきではあるまい。この時代になると、明らかに軍隊の規模が拡大しているが、それがなにをもたらしたかということのほうが大切であろう。

騎馬弓兵としての武士が主体となって戦っている限り、軍隊の規模はあまり大きなものとはなりえない。なんといっても、馬は貴重品であったし、馬上での射術を身につけるのも、簡単なことではなかったからである。

逆に軍隊の規模が大きくなれば、必然的に騎馬兵の比率は小さなものとなり、徒歩の兵士の割合が増加する。徒歩の兵士は従来からいたが、騎馬兵の付属物という感じで、戦力としてそれほど期待されていたわけではない。これはヨーロッパの騎士と徒歩兵の関係も同じことである。しかし、数が増えれば、彼らの役割も変化せざるをえない。

源氏軍の強さ――矢数で圧倒

問題は、徒歩兵のうち戦闘要員とされた者たちがなにを武器として戦ったのかということである。徒歩兵であれば白兵と考えやすいところだが、騎馬兵の場合と同様、軍記の類を見ていても、そうした形跡は見当たらない。

『愚管抄』に、木曾義仲が都に迫ってきたころ、後白河法皇の近臣藤原範季《ふじわらののりすえ》が法皇に向かって、「東国武士は、夫《ふ》(労役の人夫)までも弓箭《きゆうせん》にたずさいて候《そうら》えば、この平家かないかなわじ」といったところ、法皇もほほえんで同意したとある。源氏方は、まともな戦闘員とはいえないような連中まで弓矢をとって戦うのだから、これでは平家方は、とてもかなうまいということである。

この話は、後年、範季自ら語ったことだというから、同時代人の観察として、きわめて貴重である。東国武士の強みは、『平家物語』の作者が斎藤実盛に仮託していったように、弓馬の芸にすぐれていたことや、命知らずに突進することにあったわけではない。人夫にまで弓を持たせて、矢数で敵を圧倒してしまうところにあったのである。

弓矢が刀剣などよりも、武器として有効であったことについては、それを示す話も『吾妻鏡』にある。治承四年（一一八〇）八月、諸国の源氏方が次々と反平氏の旗を挙げていたころ、甲斐源氏の面々が南下してくるというので、平氏方の俣野《またの》景久《かげひさ》らが、これを迎え撃つために出ていった。ところが、この連中、富士山麓に泊まっている間に、携えてきた百余張の弓の弦《つる》をことごとく鼠にかじられてしまった。

おかげで、波志太山という所（甲斐説と駿河説がある）で源氏軍と遭遇したときには、弓の使えない景久らは、もっぱら太刀を振り回すだけで、敵の矢を防ぐことができず、矢に当たる者が続出した。甲斐源氏側にも、若干の損害はあったようだが、これでは勝負にならない。景久は豪勇をうたわれた男だが、ついに逃げ出さざるをえなかった。

弓矢と刀剣は、ともに武門の象徴のように扱われ、ともに単なる武器の域を超えた「霊威」を期待されるような存在であったが、戦場での効用は段違いであった。騎馬兵であると徒歩兵であるとを問わず、ずっと弓矢が主武器とされていたのも当然であるし、ましてや武士たちが弓矢を捨てて白兵に乗り換えたりしようとするはずもなかった。

2 元寇のあとさき

勇者の条件

平氏滅亡後も戦乱はおさまったわけではなく、文治五年（一一八九）の源頼朝の奥州藤原氏征討を筆頭に、大小さまざまの戦いがあった。

その間の史料としては『吾妻鏡』が主なものだが、その記述を信ずる限り、依然として主たる武器は弓矢であり、打物《うちもの》（太刀、薙刀《なぎなた》など）の類は脇役である。鎌倉幕府も射芸ことに騎射の芸を奨励することには、きわめて熱心であったが、そうした技術は都から導入されたものであった。頼朝が西行を引きとめて「弓馬の事」を尋ねたのもそのためであったし、同じ目的から、木曾義仲の部下や平氏の家人であった者など、もとは敵方にいた人間まで起用している。

当時、戦士として評価されるための第一条件は、射芸にすぐれていることであった。希代の勇婦として知られる板額御前《はんがくごぜん》なども「百発百中の芸ほとほと父兄に越ゆるなり。人挙《こぞ》りて奇特という」と、その射術の精妙さが人びとの感嘆を呼んだのであった。事実、建仁元年（一二〇一）の越後鳥坂《とりさか》城の戦いでは、「矢倉の上に居て、襲い到るの輩《ともがら》を射る。これに中《あた》る者死せずということなし」という奮闘ぶりをみせている。ちなみに、彼女自身も背後の山に忍び寄った者に両脚を射られて捕らえられた。

強弓を引き、必殺の射技を見せた者が勇士としてたたえられる傾向は、この時代に始まったものではなく、古くからのものである。「八幡太郎」と称された源義家が後世の武士たちの間で、半ば神格化された存在になったのも、卓抜した射術によってである。公家衆の九条兼実も、以仁王挙兵の際の源兼綱（頼政の子）の最後の奮闘を記すに当たって、「兼綱の矢前を遁《のが》るるの者なし。さながら八幡太郎のごとし」と義家を引き合いに出しているくらいである。

鎮西八郎《ちんぜいはちろう》こと源為朝《みなもとのためとも》の武名が長く語り伝えられたのも、彼と戦って負傷した大庭景能《おおばのかげよし》がいうように「鎮西八郎は、わが朝無双の弓矢の達者」だったからであって、『保元物語』の作者が持ち上げてくれたせいばかりではない。逆に、『平家物語』の伝える源義経などは、叔父の為朝と引き比べて、己れの弱弓を恥じなければならなかった。このように勇士とは弓術に達した者であるという感覚があったればこそ、家人たちに本格的な騎射の術を身につけさせようと、頼朝も懸命にならざるをえなかったのである。

こうした状況の中で、れっきとした武士でありながら、必ずしも射芸を重んぜず、弓を主武器とはしないような者も現れてきた。建保元年（一二一三）、和田義盛が乱を起こしたときに活躍した朝夷名《あさいな》（朝比奈《あさひな》）三郎義秀《さぶろうよしひで》がその例である。

義秀は義盛の三男とされているが、実は、ともに豪勇をうたわれた木曾義仲と巴御前《ともえごぜん》の子であったという伝承もある。とにかく、当時抜群の勇士として知られた男で、『吾妻鏡』も「義秀猛威を振い、壮力を彰《あら》わすこと、すでにもって神のごとし。彼に敵するの軍士、死を免るることなし」と、その猛勇ぶりを最大級の表現で伝えている。

問題は、義秀はなにを武器として向かってくる者を片端から討ち取ったのかである。一応、弓を携えていたことは認められるが、それを活用したという形跡はない。それどころか、義秀は、弓は得意ではなかったと、後に北条泰時が語ったことが『承久兵乱記《じょうきゅうへいらんき》』に見えている。

相手によっては太刀打ちしたり、組討を行ったりしたことがうかがえるが、終始、そうやって戦ったのだろうか。実は、この問題は後世の軍記作者を悩ませたらしい。江戸時代に成立した『北条九代記』は、義秀は鉄撮棒《かなさいぼう》（樫などの棒を鉄で補強したもの）を振るって戦ったとしているが、確たる根拠があったわけではあるまい。

義秀は、源義家、源為朝あるいは板額御前などの系列に属さないという意味では、まったく新しい型の勇士といえる。彼のような戦士の出現は、注目すべきことであるが、この辺りから戦闘法の転換が始まったと考えるのは、いささか早計であろう。そのことは、承久三年（一二二一）の承久の乱の諸戦闘を見てもわかる。

承久の乱の戦い

この乱は、後鳥羽上皇を中心とする朝廷側が討幕を仕掛け、幕府側が反撃したものである。朝廷側一万七千五百余り、幕府側一九万が戦場に出たといわれ、東海道、東山道、北陸道の各地で戦闘が行われた。

二、三の例を『吾妻鏡』によって見ると、美濃の筵田《むしろだ》の戦いでは、朝廷方が楯を構えてしきりに矢を射かけてきたのに対して、幕府方も射戦で応じて、相手を追い散らしている。近江瀬田の戦いでも、朝廷軍は唐橋の中ほどの橋板を外し、「楯を並べ鏃《やじり》を調《そろ》え」て待ち、幕府勢も「戦を挑み、威を争う」とあるから、射戦を交えたということである。

山城（京都府南東部）宇治においても、朝廷方は宇治橋の辺を守って「矢石を発《はな》つこと雨《う》脚《きゃく》のごとし」という状況であったため、幕府軍は大苦戦した。結局、大将北条泰時の息子時氏らが敵前渡河を行い、「旗を揚げ矢石を発《はな》」ち、本隊もこれに続いた。踏みとどまった朝廷方のめぼしい者は討たれ、残る者も「弓箭《ゆみや》を忘れて敗走す」とある。戦闘の主体が射戦にあったことは明らかであり、弓主刀従という従来の傾向に変動があったとは考えられない。

元寇の戦い

元寇については、改めて説明する必要もあるまいが、文永十一年（一二七四）と弘安四年（一二八一）の二度にわたって元が侵略を企てた事件である。元（正確には大元）は、モンゴル族の建てた国であるが、広い版図を有していたから、送り込んできた軍隊も、モンゴル人を中核に多数の漢人や高麗人などから成っていた。兵力については定かでないが、一般には文永の役が四万ないし五万、弘安の役が一五万余りとみられている。

両軍の戦闘法についても、すでに一定の見方ができている。海を越えてこなければならなかった元軍は、当然、騎馬兵は少なく、徒歩兵主体の編制を採っていた。彼らの主武器は弓（短弓）であるが、遠戦用には、ほかに投槍や「てつはう（鉄炮）」と称する投擲《とうてき》用の火器があり、接戦用の武器としては矛、刀剣、斧などがあった。彼らは、戦闘に当たっては、銅鑼《どら》や戦鼓を鳴らして集団的に進退した。

これに対し、日本側は騎馬兵を主力とする歩騎混成部隊であったが、騎馬兵の比率は全

元軍と戦う騎馬武者（「蒙古襲来絵詞」より）

軍の三割ないし四割程度であったろうという。騎馬兵の武器は弓と太刀であり、彼らは一騎打ち戦法で戦ったと一般に考えられている。

　こうした特徴を有する両軍が衝突した結果、日本軍は苦戦に陥り、両度とも、いわゆる「神風」によって救われたということも、ほとんど常識化しているといってよいが、かなりの誤解・偏見があるといえる。

　たとえば、一騎打ちということを文字どおり一人ひとりがバラバラになって、各自が一対一の勝負を挑んでいったように解釈している例が非常に多いが、そうした戦い方は、源平合戦当時においても、一般に見られたとは考えられない。元軍が集団本位で没個性的、組織的に戦ったのに対して、日本側が個人本位ないしその属する小集団本位の戦い方をしたことは事実であろうが、それが直ちに「一騎打ち」につながるものでないことはもちろんである。

また、一騎打ちということから、日本の武士たちは、太刀を振るって突撃したように解している人も多いが、これも誤解である。「蒙古襲来絵詞《えことば》」を見ても明らかなように、彼らは馬上で矢を射かけながら突進しているのである。もちろん、騎射による一騎打ち戦など挑んではいないことも明らかである。

「神風」の実態と効果については、深くは立ち入らないが、長い間、きわめて誇張された形で理解されてきたことは事実である。最近の研究では、文永の役の元軍は、なんらかの理由で撤退し、帰国する途中、大風に遭って損害を受けたものであり、風が彼らを撃退したわけではない。弘安の役に台風があったことは事実であるが、それによって元軍が壊滅した伏線としては、来寇以来、二ヵ月近く上陸に成功できなかったということがある。逆にいえば、それだけ日本側の防衛が固かったということである。

元寇の影響はあったか?

元寇のもたらした影響については、このときの経験を踏まえて、その後のわが国の戦法は一変したという主張が昔から根強くある。これに対して、わが国の連中は、元寇の教訓からさっぱり学ばなかった、武士たちは無反省だったという意見もある。いずれが妥当かということになるが、結論からいえば、戦法の変化はたしかにあったものの、元寇の直接的影響によるとは認めにくい。

この後の戦法の変化を先取りすると、一軍に占める徒歩兵の比率は、次第に高くなり、相対的に騎馬兵の比率は低下する。戦国時代の上杉・武田両家の例でみても、せいぜい一割か、それ以下である。当然、徒歩兵の役割は大きくなり、徒歩戦が盛んになり、騎馬兵も戦闘に当たっては、あらまし下馬してしまうのが普通となる。

武器の面では、弓は、鉄砲の普及する前はもちろん、その後もかなり多用されたが、騎馬兵であれば、必ず携行するといった慣行は、南北朝時代には失われてしまう。その頃から槍が導入され、やがて騎馬兵、徒歩兵を通じて、接戦用の主武器とされるようになる。

このように見てくると、いかにも元寇の教訓が働いていたように思えるが、時間的な関係などを考えても、そのように結論するのはむずかしい。槍にしても、元軍の矛から学んだものであれば、もっと早い時点で出現してもよさそうなものだが、文献上は建武元年（一三三四）まで見ることができないし、その後の普及もあまり早くはなかった。また、さんざん苦しめられたはずの火器に注目したという形跡もない。

なによりも問題であるのは、元軍が見せた集団として組織優先で戦うような方法が、一向に定着しなかったことである。たしかに戦国時代の戦闘などは団体戦であったには違いないが、それに加わった者たちは、依然として個人本位ないしその属する家や族党本位の戦い方をしていたことは否定できない。

この傾向は、その後もずっと続いており、号令一下、全隊が機械のように動くような戦法などは、幕末になって洋式戦術が導入されるまで、日本人の知るところではなかったのである。

第二の問い

『太平記』の描く合戦は、どこまで真実か？

南北朝～室町時代

1　『太平記』の描く戦い

『太平記』がつくった「合戦常識」

応安四年（一三七一）ごろ成立したといわれる『太平記』は、わが国では大変人気のあった軍記で、早くから「太平記読み」という商売が成り立っていたくらいであった。それが後の講釈師につながってゆくのである。

『太平記』が扱っている時代は、文保二年（一三一八）から貞治六年（一三六七）までの約五十年間である。その間、どういうことがあったかといえば、後醍醐天皇の即位に始まって、再三の討幕の企てと鎌倉幕府の滅亡、建武の新政とその失敗、南北両朝の分立、足利幕府の成立と内紛と、なんとも目まぐるしい。『太平記』は、足利二代将軍義詮《よしあきら》の死をもって終わっているが、両朝が合一して南北朝の動乱に一応のケリがつけられるのは、それより二十五年後の明徳三年（一三九二）のことである。

その間、大小さまざまな戦闘が行われており、『太平記』にも元弘元年（一三三一）の近江唐崎浜《からさきはま》の戦いから、貞治二年（一三六三）の武蔵野の戦いまで、数十の合戦記事がある。初めにいったように、『太平記』は非常によく読まれたので、この時代の合戦についての「常識」は、この本によってつくられているところが多い。

したがって、『太平記』の合戦描写をチェックしてみることは、この時代の戦闘についての「常識」が信じられるかどうかということにつながる。といっても、各個の戦いを詳しく見てゆく余裕はないので、全般的な描写の傾向から考えてみたい。

まずいえるのは、きわめて誇張された記事が多いということである。それがもっとも明確に見てとれるのは、合戦に参加した人数についてである。元弘三年（一三三三）、楠木正成の籠《こも》る河内《かわち》千早城《ちはやじょう》を囲んだ東国勢が「百万騎」、同じ年、新田義貞の鎌倉攻めに加わった者が「六十万五千余騎」、正成の戦死した建武三年（一三三六）の摂津《せっつ》湊川《みなとがわ》の戦いに陸路から迫った足利勢が「五十万騎」、これを迎え撃った「官軍又五万騎」、観応二年（一三五一）の駿河《するが》薩埵山《さったやま》の戦いの足利直義方が「五十万騎」といった具合である。ばかばかしいほど誇大な数字であることは、改めて指摘するまでもないだろう。

戦闘描写の例をいくつか挙げると、「互いに討つつ討たれつ、馬の蹄《ひづめ》を浸す血は、混々として洪河《こうが》の流るるがごとくなり」、「射る矢は雨のごとく、剣戟《けんげき》電《いなずま》のごとし」、「射違うる矢は、夕立の軒端《のきば》を過ぐる音よりも猶滋《なおしげ》く、打合う太刀の鍔音《つばおと》は、空に応《こた》うる山彦の鳴り止む隙《ひま》も無かりけり」、「汗馬《かんば》の足を休めず、太刀の鍔音止む時なく、や声（掛け声）を出してぞ戦い合いたる」、「太刀の鍔音鎧突《よろいづき》、山彦に響き、暫《しば》しもやむ時なければ、山嶽崩れて川谷を埋ずむかとこそ聞えけれ」といった具合である。

「組んで落れば下り重なり、切て落せば首を取る」といった騎馬戦闘や、「皆馬より飛び下り、徒立《かちだ》ちに成《なり》て、射向《いむけ》の袖《そで》を差しかざし、太刀長刀《なぎなた》の鋒《きつさき》をそろえて……打て懸《かか》る」といった下馬戦闘の場面もあるが、いずれにせよ定型的かつ観念的であることに変わりはない。どれをどの戦闘に持っていっても当てはまる代わりに、どうという特徴もない。

現実の戦闘がこんなものではありえなかったことは、後に触れるが、この種の戦闘描写は『太平記』の専売特許というわけではなく、大方の軍記類に共通のものである。ということは、ある時代が白兵主義時代であったかどうかを調べるのに、軍記類はあまり役立たないということである。

『太平記』より早い時期に成立した『梅松論《ばいしょうろん》』という歴史物語がある。『太平記』がとかく宮方（南朝）寄りであるのに対して、武家方（北朝）寄りの立場を取っている。楠木正成の行動について、説得力のある説明をするなど、リアリティーに富んだところもあるが、合戦描写となるとあまり参考となるものはなく、『太平記』と五十歩百歩である。

徒歩弓兵の活躍

講談の元祖となっただけのことはあって、『太平記』には「講釈師、見てきたような嘘をつき」といった記述が多い。だが、講釈師が張扇《はりおうぎ》でたたき出した戦闘記事の中にも、時代の本音のようなものが、かすかに聞こえてくるような場合がある。

たとえば、騎射の場面をほとんど見ることができないというのも、その一つである。明確な騎射の例としては、元弘三年（一三三三）、後醍醐方に付いた比叡山の僧兵が京都へ押し寄せたとき、幕府方が「馬上の射手」をそろえて「追物射《おものい》（追いつめて騎射）」させようとした場面、同じ年、やはり後醍醐方の赤松勢が京都へ寄せてきたとき、島津安芸前司《あきのぜんじ》という騎射の上手が鉄撮棒《かなさいぼう》を振るう強力《ごうりき》の武士を相手に射術の妙を見せる場面くらいである。逆に、建武三年（一三三六）、東寺を守った土岐頼直のように、同じく強弓の射手でありながら、わざわざ下馬して戦っている例もある。

ことわっておくが、互いに馬上で戦う場面そのものは、決して少ないわけではない。むしろ、次第に流行らなくなっていった騎馬戦闘が『太平記』が記すほど、盛んに行われていたとは思えないくらいである。それにもかかわらず、騎射の描写が少ないことは、実際にも、あまり行われていなかったからであろう。和田の乱の朝夷名義秀は、弓を主武器としなかった珍しい例ではないかと書いたが、あれから百年余り、武士＝馬上で弓を射る戦士（騎馬弓兵）という構図が明らかに崩れたということである。

一方、弓のほうは、騎馬との結合は希薄になったものの、依然として多用されている。『太平記』にも射戦の場面は、きわめてひんぱんに出てくる。中には騎馬弓兵をあえて下馬させて使っているような例もいくつかあるが、ことに目立つのは徒歩弓兵の活躍ぶりである。その事例は、枚挙にいとまのないほどあるが、これは『太平記』作者の誇張や創作といったものではなく、時代相を反映しているのであろう。

徒歩弓兵については「徒立《かちだち》の射手」などと形容しているが、「足軽の射手」とか「足軽の野伏《のぶし》」とかいっている例もいくつかある。従来型の武士とは毛色の違う軽装の「歩兵」集団が現れつつあったということだろう。

彼ら徒歩の弓兵は、同じような相手とも戦ったし、騎馬兵を相手に戦うこともあった。数が少なければ「馬武者」に駆け散らされてしまったが、ある程度まとまり、楯などの防具を用意すれば、優に騎馬兵に対抗できた。楠木正成は楯の端にあらかじめ連結用の金具を付けさせておき、洛中の戦いに、これを立て連ねて敵の攻撃を防いだという。また、新田義貞は、越前で自軍の城を救うため、騎馬で駆けつける途中、楯を用意した徒歩弓兵に遭遇して戦死してしまったとある。ともに、いかにもありそうな話である。

『太平記』には、城郭戦の記事も多いが、これも当時の実態を反映したものなのだろう。城郭での戦いとなれば、白兵戦よりも遠戦主体になるのは当然である。延元元年（一三三六）、赤松円心（則村）が後醍醐に背いて播磨白旗城に立てこもったとき、優秀な射手八百余人を揃えたので、寄手も攻めあぐんだとあるが、守城に弓兵が活躍している例は、ほかにいくらもある。『梅松論』も楠木正成の千早城籠城《ろうじょう》について、究竟《くっきょう》の要害を強弓の精兵が多数守ったので、寄手はおびただしい死傷者を出したと記している。

2 戦闘報告書と『太平記』のギャップ

騎馬戦から徒歩戦へ

南北朝以降、徒歩戦主体の白兵主義時代に移ったと見ている人はかなり多い。武器と防具の関係について、刀や薙刀が主武器となると腹巻や胴丸が流行るようになったという見方も、こうした立場に立つものといえよう。別に、腹巻、胴丸の類は徒武者《かちむしゃ》のもので、騎馬武者は着けてはならないという決まりがあったわけではない。しかし、それらが下級の士卒が徒歩戦闘に用いるのに適していたこと、南北朝時代に盛行したことは間違いないのである。

教科書や歴史事典の類まで含めて、長篠の戦いまでは騎馬白兵時代だったという見方が根強くあるが、一方には、こうした意見もある。そうなると、どちらが正しいのかという議論があってもよさそうなものだが、あまり聞いたことがない。

そこでまず騎馬戦主体か徒歩戦主体かということであるが、これは明らかに後者に軍配が挙がる。軍隊の構成に占める比率までは確認できないが、この時代の史料を見ていれば、徒歩の兵士が多数戦闘に加わるようになったことは明らかであり、そのことだけを考えても、徒歩戦主体であったといわざるをえないだろう。

もちろん騎馬兵も相当数いたわけであるし、史料の中には、戦闘中に乗馬を射られた、あるいは斬られたという事実も散見されるから、乗馬したまま戦う習慣も、まだ廃《すた》れていたわけではない。しかし、戦国時代に入ると、そうした慣行はほとんど失われたことが確認できるから、この時代すでに、その傾向は現れていたはずである。

それでは白兵志向についてはどうであろうか。白兵主義時代が出現したと見る人たちは、『太平記』の記述に引きずられているところがあるに違いないが、それだけではないだろう。この時代になると長大な太刀が普及して、その遺物も多いし、新たな武器として槍も導入されているので、そういったことなども考慮しているのだろう。

野太刀《のだち》とか大太刀《おおだち》とか呼ばれるような長大な刀は、鎌倉時代の末ごろから出まわるようになり、南北朝時代に大いに流行した。この時代の現存作品でもっとも長大なものは、刃渡り七尺四寸（約二二四センチメートル）近くもある。また、槍も少なくとも建武元年（一三三四）頃には登場している。

このように大太刀の普及や槍の出現は、たしかな事実であるが、そのことが直ちに白兵主義時代の到来を意味するものかどうかとなると疑問である。接戦用の武器が数多く戦場に持ち出されれば白兵主義時代だとはいえないのであって、問題は、それらがどのように使用され、どのような効果を挙げたかである。これより前の時代にも、戦場に出るほどの者は、まず例外なく刀剣類を携えていたが、だからといって白兵主義時代とはいえないことは、すでに見てきたとおりである。騎馬と白兵の結びつきが必然的ではなかったように、徒歩と白兵も当然に結合しなければならないものではない。

という次第であるから、結論を出すためには、確実な史料によって、この時代の戦闘の実態を把握する必要がある。その場合、もっとも頼りになるのは「軍忠状《ぐんちゅうじょう》」の類である。

軍忠状

軍忠状というものは、鎌倉時代の終わりごろから始まって、南北朝時代に盛行し、戦国時代にもずっと続いている。元来は、合戦に参加した者が、後日、恩賞にあずかるために、自分の戦功を指揮官に申し立て、確認の証判を受けたうえで返却してもらうものだったが、後になると、主君のほうから報告を求めるような形が一般的となった。名称も、合戦注文(注文はリストといった意味)、太刀打《たちうち》注文、手負《てお》い注文などまちまちであるが、本書では、すべて「軍忠状」ということで統一しておきたい。

軍忠状の記載内容としては、最低限でも合戦に参加したことが書かれているのは当然であるが、それから先は、必ずしも一様ではない。自身や部下の奮闘の状況や戦功だけではなく、自分の側の損害に触れている例も多いが、その書きようもさまざまである。戦死者については、氏名や人数のほかには、その状況を記している場合がある程度だが、負傷者については、負傷原因や負傷の部位まで記している例も少なくない。

それらを集計してみれば、この時代が本当に白兵主義時代であったかどうかの見当がつくはずである。もちろん、軍忠状は自己申告書類であるから、かなり提出者に都合よくつくられている可能性があるし、自損行為などをどう扱っているかも気にかかるところである。

しかし、指揮官の証判をもらう過程で、かなりやかましく第三者のチェックを受けていることも事実であるから、講談の先祖のような軍記類などより、よほど信用できることは間違いない。

そういう考え方にしたがって見てきた軍忠状は相当数にのぼるが、集計の対象とすることができたのは、元弘三年（一三三三）一月から至徳四年（一三八七）七月の間の一八〇点ほどである。実は、軍忠状を素材に、この時代の戦いを考えた歴史家は、何人かおられるのだが、問題意識も少し違うので、私は私なりの方向で素材を選び、分析してみた。

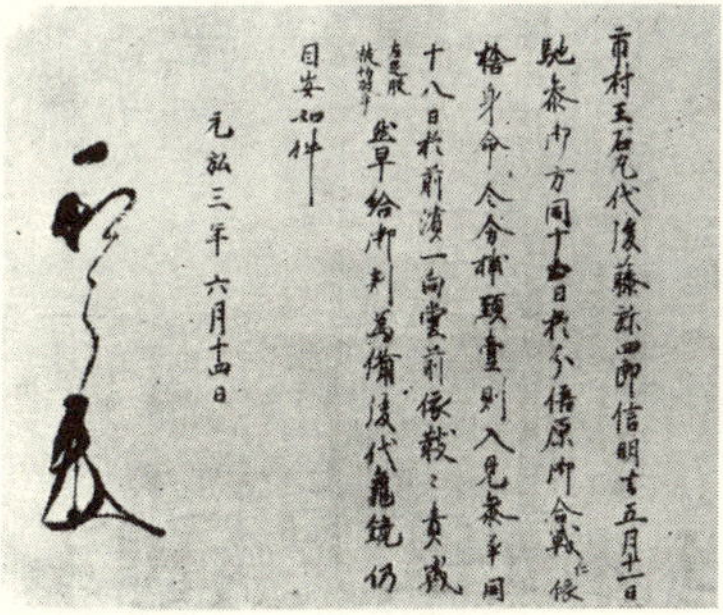
市村王石丸代後藤弥四郎信明去五月十一日
馳参御方同十四日於分倍原御合戦に依
捨身命令合戦頸壹則入見参畢同
十八日於前濱一向堂前懸敵之責戦
右左股被切付手 然早給御判為備後代亀鏡仍
目安如件
元弘三年六月十四日

軍忠状の例

戦傷の多くは飛び道具によるもの

まず対象とした軍忠状であるが、先に述べたような趣旨から、負傷者数と負傷原因が明確につかめるものに限っている。

それらに載せられた負傷者数は五九七名であるが、その中にも原因が明記されていない者がいるので、それらを除外すると五六五名となる。一方、この五六五名中に

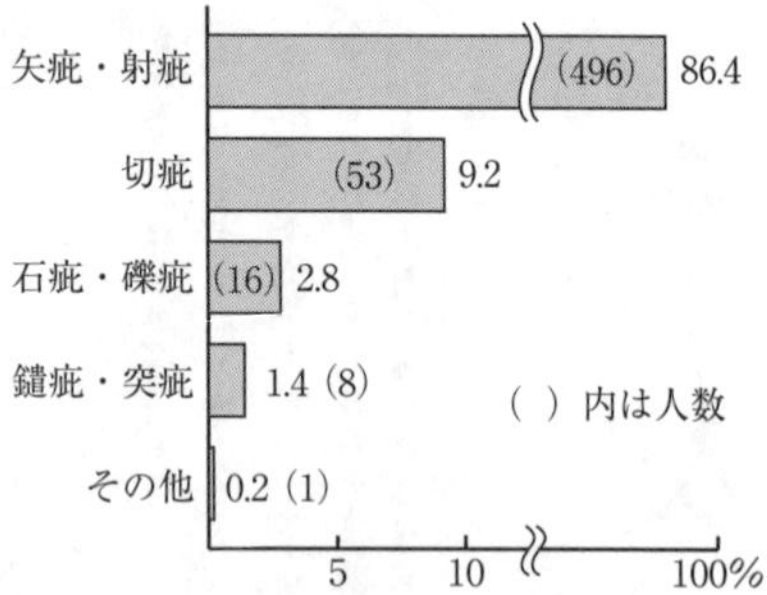

軍忠状による戦傷比較（1333〜1387年）

も、矢疵《やきず》と刀疵《かたなきず》というように一人で種類の異なる疵を競合して受けている者もいるので、それらを延べ数で計算すると、負傷者の総計は延べ五七四名となる。この五七四名の内訳と総数に占める割合は、グラフに示すとおりである。

一見して、おわかりと思うが、圧倒的に多いのは弓矢によって生じた負傷者である。これに礫《つぶて》（小石）をぶつけられたとか、城の上などから石を落とされたとかいう負傷者を加えると、実に負傷者の九割近くが遠戦によってやられていることになる。

これでは白兵主義時代が到来したなどとは、とてもいえるものではない。主たる武器が依然として弓矢であったことも明らかであり、佐藤堅司氏が名づけた「刀鎗併用時代」などではなかったことも、また明白である。

あるいは、弓矢による負傷は致死率が低いが、刀槍など白兵による負傷は致命傷となりやすかったから、そちらは戦死者のほうに入っているのではないかという方もおられるかもしれない。だが、私が軍忠状から見た限りでは、負傷者五九七名に対する戦死者は五四名にすぎないのであって、これらをすべて白兵によるものと仮定してみたところで、全死傷者に占める割合は、八・三パーセント程度であるにすぎない。

もちろん、現実には戦死者のすべてが接戦によって生じたなどということはありえない。弓矢による致死率だって、決して低くはなかったろうことは、鎌倉時代までの史料を見れば明らかである。間違いなく弓矢による遠戦を主体として戦っていた時代においても、当然のことながら、かなりの戦死者は出ているのである。

さらに、後の戦国時代の実態で見れば戦死した者の多くは即死者ではなく、負傷して動けないでいるところを首を取られた者たちであり、その負傷原因は、弓鉄砲などの飛び道具による場合が多かったと見られる。南北朝時代については、明確にそれを裏付けられる史料がないが、功名の証明として首を取ることは、しきりに行われていたのであるから、同様の状況があったとみても、誤りはないであろう。

3 『太平記』以後の戦い方

『明徳記』の描く戦闘

『太平記』の時代が「刀鎗併用時代」などではありえなかったことは、見てのとおりである。それでは、その後はどうなったのだろうか。

『太平記』の作者が筆をとめた貞治六年（一三六七）以降も、南北両朝の抗争は続いていたから、数々の戦闘は行われている。また、明徳二年（一三九一）の山名氏の反乱（明徳の乱）のように両朝の皇位争奪とは直接関係のない足利政権内部の争いも起きている。

この種の事件は、翌明徳三年の両朝合一後もしばしば起きていて、応永六年（一三九九）の大内氏の反乱（応永の乱）、嘉吉元年（一四四一）の赤松氏の反乱（嘉吉の乱）などが代表的なものである。幕府が東国支配のために置いた鎌倉府がらみの事件もまた多く、永享十年（一四三八）には幕府と衝突するに至っている（永享の乱）。

軍記の類などで、この間の事件に触れたものはもちろんある。たとえば、右に挙げた諸反乱については『明徳記《めいとくき》』、『応永記《おうえいき》』、『永享記《えいきょうき》』、『嘉吉記《かきつき》』といったように、それぞれに対応する軍記が存在する。だが、客観性のありそうな史料で具体的に戦闘の状況をつかめるようなものはほとんど見たことがない。私の役に立つような軍忠状の類もあまり残っていない。前節で取り上げた一八〇点のうち、貞治六年以後のものは、わずか五パーセント程度でしかない。

しかし、戦国時代に至るまでの約百年をパスしてしまうわけにもいかないので、『明徳記』などが、どのような戦闘の描き方をしているのかを、とりあえず見ておきたい。

明徳の乱は、ほぼ一日の戦闘で決着がついたが、その状況は、「汗馬蹄《かんばひづめ》を血にそそぎ、死骸に死骸を切り重ねて、東西へ別れ南北へ靡《なび》き、馬の足音人のえい音（力を入れる声）、太刀の鍔音、天地に響き、鳴り止む隙も無かりけり」といった調子で表現されている。もちろん、そうした抽象的な記述ばかりではなく、大太刀、槍、薙刀など白兵を振るっての「肉薄格闘」場面も、くり返し描き出されている。

太刀、薙刀と並んで槍が主武器の一角を占めているところは目新しいが、こうした描写は『太平記』と本質的に変わるところはない。『太平記』調の描写は、戦国以後の軍記にも引き継がれているから、成立年次の近い『明徳記』が似ているのは当然であろう。『明徳記』もまた語り物とされていたというから、なおさらである。

その一方で、乗馬を殺された、傷つけられたという記事と騎馬の兵士が下馬して楯をつき並べて戦ったとか、大将分まで馬を下り、打物《うちもの》を振るって切ってかかったという記事とが併せて出てくる。これは当時の戦闘のあり方をわずかながら反映しているものかもしれない。乗馬戦闘から下馬戦闘への過渡期のひとこまということであろう。徒歩弓兵の活躍も目立っていて、簡便な甲冑で共通の武装をした一団が描かれたりしている。

応永の乱から嘉吉の乱まで

応永の乱は、城郭化された和泉《いずみ》堺の攻防戦であった。最終的には、幕府軍が烈風に乗じて火をかけたため落城したが、その間の戦いは射戦が主体であったろうことは、想像に難くない。『応永記』にも、城中四方の櫓《やぐら》に強弓の精兵を配して防いだことが出てくる。「先陣討たれぬれば、後陣の勢彼の死骸共の上を乗り越え乗り越え」戦ったといった白兵戦の場面も、もちろんある。主将の大内義弘も、最後は大薙刀を手にして切ってまわって討死したということになっている。

永享の乱では、関東方は箱根・足柄の線で幕府軍を防ごうとした。このとき箱根においては楯を並べて弓兵を配し、石弓をそなえたと『永享記』にある。石弓というのは、石を転がし落とす装置のことであろう。やや特色のある記事はその程度で、後は「野草紅に満ちて、汗馬の蹄血を蹴立て」といった、はっきりいえば空疎な決まり文句が並んでいるだけである。

嘉吉の乱は赤松満祐《あかまつみつすけ》が自邸で将軍足利義教《あしかがよしのり》を暗殺した事件である。赤松は、その場で討手と戦って死ぬ覚悟でいたが、誰も攻めてこないので、本拠の播磨城山城《きのやま》に立てこもった。やがて幕府の追討勢がやってきて、厳重に城を包囲し、兵糧も尽きた満祐は自殺した。『嘉吉記』は、その事実を事務的に記すだけで、戦いがどのように行われたかなどということには、まったく触れていない。

という次第で、これらの軍記類は、当時の戦闘法を復元してみるためには、やはり役に立たない。また、先にいったように、これらと照合できる客観性のある史料もないので、その線からチェックしてみるというわけにもいかない。軍忠状から『太平記』の合戦譚の信憑性を確かめてみたようなことは、この場合には、できないのである。

ただ、前後の時代の状況を考えれば、おおよその見当はつけることができる。刀槍を主武器とする白兵志向の時代だと信じられている『太平記』の時代は、実は依然として弓を主武器とする遠戦志向の旺盛な時代であったし、応仁文明の乱以降も同様であった。

第四の問い

信玄と謙信の「川中島の戦い」は、戦国合戦の典型か？

室町～戦国時代

1　軍記物がつくった戦国合戦のイメージ

フィクションの多い軍記物

専門家はもちろん、一般の歴史ファンであっても、「戦国合戦」については、それぞれのイメージをお持ちのはずである。知識の量や思想的な立場は違っても、そうしたイメージ自体には、さしたる相違はないだろうと思われる。なぜなら、これまでの戦国合戦のイメージは、まず例外なしに軍記の類によって、形成されたものだからである。

もっとも、これは戦国合戦に限った話ではないのかもしれない。源平合戦であれば『平家物語』や『源平盛衰記』、南北朝の合戦であれば『太平記』というように、各時代ごとの合戦のイメージは、すべて軍記類によって形づくられてきたことは、すでに見たとおりである。戦国合戦のイメージも、その延長線上にあるだけのことなのだろう。

『歩兵操典』の改訂に当たって、当時の大島教育総監が歩兵旅団長、連隊長らを集めて、

「諸官の知らるる如く」、わが国の戦闘法は古来から白兵主義であったと説明したという話は、プロローグで紹介した。このとき「諸官」たちがどう反応したかは知らないが、彼らが違和感をおぼえなかったとすれば、軍記類から得られた合戦観が起草者側と共有されていたからであろう。

軍記は、史料として信頼できないことは、これまでも再三いってきた。なにやら、私が軍記というものを目の敵にしているように感じた方もおられるかもしれないが、するにはするだけの理由がある。

もともと軍記などというものは、誇張や虚構が多すぎて、素直に相手にしてはいられない性質のものなのである。それでも他に材料がなければ、相手にせざるをえない場合もあるが、戦国合戦についていえば、それらに拠らなくとも、実態を解明するに足る史料がかなりある。プロの学者までが、そういうものを放擲《ほうてき》して、フィクションの多い軍記に寄りかかって議論しているというのが不思議である。

軍記が信用し難いものであることは、昔の人だって、とっくに気付いていた。南北朝時代、北朝側にあって九州探題《たんだい》（地方長官）などを務めた今川了俊《いまがわりょうしゅん》は、後世、『難太平記《なんたいへいき》』と呼ばれるようになる文章を残した。その中で了俊は、『太平記』について、そこには誤りや空ごとが多い、書かれたことの十中八九までは「つくりごと」であるといっている。

了俊がそういうことをいった背景には、自分や自分の一族の功業が無視されているという憤懣《ふんまん》があったと思われるが、事実関係に多々デタラメがあるというのは、そのとおりであろう。

それから二百年余り後に、同じようなことをいったのが、大久保彦左衛門（忠教）である。彼は、その著『三河物語』の中で、小瀬甫庵《おぜほあん》の『信長記《しんちょうき》』を指して、三分の一くらいは本当にあったこと、三分の一くらいは、まあ似たような事実があったこと、三分の一くらいは跡形もないことだと書いている。

他に信頼できそうな合戦史料がある場合、それらと軍記の記述との間に、どのくらいの隔たりがあるかについては、後に具体的に触れるつもりだが、その前に戦国の軍記が、どのような合戦描写をしているかを、二、三の例で見ておきたい。

『太平記』の亜流――『相州兵乱記』と『信長記』が描く戦い

文禄年間（一五九二〜九五）頃に小田原北条氏の旧臣によって書かれたとみられる『相《そう》州兵乱記《しゅうへいらんき》』という軍記がある。永享の乱から始まっているが、その部分の描写を見ると、「野草紅に染まって汗馬の蹄血を蹴立て、河水流れせかれて、士卒の屍たちまち流れを絶つ」、「甲《かぶと》の鉢を傾け、鎧の袖をゆり合せゆり合せ切り逢うて、天地を動かし、火を散らす」

という具合で『永享記』とあまり変わらない。というよりも、そっくり真似しているのだろう。それでは戦国時代に入ってからはどうかというと、「鉄炮《てっぽう》」が出てくるのが目新しいぐらいで、基本的には『太平記』『明徳記』の世界となんら変わるところはない。

　これは別に『相州兵乱記』だけの問題ではない。それを確認するために、大久保彦左衛門に批判された小瀬甫庵の『信長記』を見てみよう。これは学者のいう「俗書」の典型的なものであるが、彦左衛門も読んでいたように、刊行当初から広く流布していた本である。しかも、いまだに専門家の間にまで影響を与え続けている不思議な書物でもある。桶狭間《おけはざま》の戦いは、天下取りを目指して西上する今川義元を織田信長が奇襲して討ち取ったものであるとか、長篠の戦いは、武田の騎馬隊の突撃を信長が三千挺の鉄砲の三段撃ちで撃ち破つたものであるとかいう怪しい「定説」は、すべてこの本から出ているのである。

『信長記』の合戦描写を、まず天文十一年（一五四二）の三河小豆坂《みかわあずきざか》合戦で見ると、「喚《おめ》き叫《さけ》んで鑓《やり》を入れ、撞《つ》き合い切り合い、太刀の鍔音、敵味方の時（鬨）の声は、ただ百千の雷《いかずち》の鳴り落つるかと覚えたる」とある。元亀元年（一五七〇）の越前天筒山《てづつやま》城の戦いは、「敵味方入り乱れ、太刀の鍔音おびただしく聞こえけるが、ついに城中の兵共、一人も残らず討たれにけり」と描かれる。

　同じ年、織田・徳川軍と浅井・朝倉軍が衝突した近江姉川《あねがわ》合戦のクライマックスは、

「敵も鑓をひたひたと直し、打ち合わせ突き倒し、首を取るもあり、取らるるもあり、十文字にかけ破り、巴《は》の字に追い廻し、太刀の鍔音、矢叫びの声、天地を響かせ、攻め戦う」場面である。やはり同じ年の近江坂本の合戦では、織田方の守将が「大勢に開き合わせ四方八面に切って廻り、火花を散らし戦って云々」とある。

同じような描写をいくつも並べても退屈なだけだから、中間省略で信長最晩年の天正十年（一五八二）まで飛ぶと、織田勢は直接関わっていないが、信州鳥居峠《とりいとうげ》で木曾勢と武田勢が「鎬《しのぎ》をけずり鍔《つば》をわり、切りつ撞《つ》かれつ……ここを先途と攻め戦」ったとされる。見ればおわかりのとおり、『太平記』流の描写を一歩も出ていない。なにも知らない人が読みくらべてみても、二百年余り経っても、わが国の戦闘法はさっぱり変わらなかったのかと首をかしげたくなるだろう。『太平記』の描写がもともといい加減なのだから、比較してみても仕方がないが、『信長記』の記述も、同様におかしなものである。

そもそも「太刀の鍔音」だの「鎬をけずり鍔をわり」だのという表現が奇妙である。太刀の鍔音が響きわたったとは、いわゆる「鍔迫《つばぜ》り合い」が盛んに行われたということをいっているのであろう。これは打ち合った刀を互いに鍔元で受けとめて、エイサエイサと激しく押し合うことである。「鍔をわり」というのも同じことの表現であろう。

一方、「鎬をけずり」の「鎬」というのは、刀の側面の高くなっている部分である。昔の刀術では、敵の打ち下ろしてくる刃は、この部分で受けることとなっていた。

つまり、これらは盛んに刀を振り回しての戦いが行われていた、戦闘の基本はチャンバラであったという意味なのである。それが本当であれば、白兵主義時代が到来したということになるが、事実はまったく違う。後に改めて説明するが、この時代を白兵主義時代と呼ぶことは、とうてい無理な相談なのである。

もちろん、白兵戦闘はしばしば見られたが、その場合であっても、主武器は明らかに槍であって、刀の役割は決して大きなものではなかった。戦国時代の人びとの残した覚書などを見ても、戦場で双方が刀を振り回して渡り合う場面など、めったにお目にかかることがない。まして鍔迫り合いの事例など、私の知る限りでは一件も見当たらない。つまり、当時の人間だって「鎬を削る」場面など、そうそう見られるものではなかったし、まして「鍔音」を聞く機会など、まずありえなかったのである。

しかし、戦国合戦をチャンバラの集積のように描く傾向は、『相州兵乱記』や『信長記』に限られたものではなく、ほとんどの軍記に共通するところである。信長の旧臣太田牛一《おおたぎゅういち》の著わした『信長公記《しんちょうこうき》』は、並みの軍記とは違って、かなり信頼のおけるものであり、専門家の間でも、史料としての評価が高い。小瀬甫庵の『信長記』は、いわばこの『信長公記』の改悪版というようなものである。

その『信長公記』ですら、「乱れかかってしのぎをけずり、鍔をわり、火花をちらし、火焔をふらす」（桶狭間の戦い）とか「（敵味方）推しつ返しつ散々に入りみだれ、黒煙立て、しのぎをけずり、鍔をわり」（姉川の戦い）などという類の表現が随所に出てくる。信長に従って、何度も合戦に参加したはずの牛一ですら、こんな空疎な決まり文句を並べ立てているのだから、やっぱり軍記は恐ろしい。

川中島の戦いと『甲陽軍鑑』

プロであるとアマであるとを問わず、今日、大方の人の抱いている戦国合戦のイメージが軍記類の合戦譚によってつくられたものであろうとは、初めにいったとおりである。それらの中でも、とりわけ影響の大きかったのが川中島と長篠《ながしの》のそれではなかったかと思われる。

作家の海音寺潮五郎氏は、武田信玄と上杉謙信が虚々実々の勝負を展開した川中島の合戦譚を日本民族の六大ロマンの一つだと記されている。他の五つは、源平の争覇の物語、楠木正成を中心とする物語、織田・豊臣・徳川の権力交代の物語、忠臣蔵の物語、明治維新の物語だという。なるほど時代小説や映画、テレビドラマの素材になることが圧倒的に多いのは、これらの物語である。

源平の争覇の物語とは『平家物語』の世界、楠木正成の物語とは『太平記』の世界であり、それらがそれぞれの時代の合戦観をつくり出すのに大きな役割を果たしたことは、すでに見たとおりである。ひろく流布し定着した川中島の合戦譚が、これこそ戦国合戦の典型であると受け取られたとしても、一向に不思議ではない。

川中島の戦いというのは、甲斐（山梨県）を本拠とする武田信玄と越後（新潟県）を本拠とする上杉謙信とが、中間の信濃（長野県）北部の支配を争ったもので、天文二十二年（一五五三）から約二十年の間に計五回戦われている。そのうち、もっとも激しく、もっとも有名であるのが、永禄四年（一五六一）九月の一戦である。

このとき信玄は約二万、謙信は約一万三千の兵力をもって、それぞれ海津城《かいづじょう》と妻女山《さいじょざん》に陣取って対峙を続けていたが、やがて信玄側が「啄木鳥《きつつき》の計」というのを案出した。約一万二千の別働隊を出して妻女山を背後から襲わせ、信玄自らは残りの兵を率いて八幡原《はちまんばら》で待ち受け、追い出されてくる謙信勢をはさみ打ちにして殲滅《せんめつ》しようというものである。

ところが、この計略は謙信に察知され、先手を打った上杉勢が八幡原の武田勢を急襲したため、武田方は大苦戦となり、本陣まで切り込まれるという騒ぎになった。馬上の謙信が太刀を振るって床机《しょうぎ》にかけている信玄に切りかかったという有名な場面は、このときのものだが、やがて妻女山に向かった武田の別働隊が到着したため、今度は上杉方が追い崩される番となった。

武田側の史料である『甲陽軍鑑《こうようぐんかん》』は、この八幡原の激闘を「敵味方三千六七百の人数、入り乱れて突いつ、突かれつ、切りつ、切られつ、互いに具足のわたがみ（綿嚙＝鎧の肩の部分）を取り合い、組んでころぶもあり、首を取って立ち上がれば、その首をわが主なりと名乗って、鑓を持ちて突き伏せ候を見ては、又その者を切り伏せ候」と描写している。

最終的には武田方は敵三千百十七を討ち取って、勝ちどきを挙げたというのだが、上杉方では武田勢八千余りを討ち取ったと主張している。

実は、世間でよく知られているような川中島の合戦譚を伝えたのは、主として、この『甲陽軍鑑』であった。これは信玄一代の戦歴を中心とした書物であるが、甲州流（武田流）軍学のテキストとされ、その甲州流軍学を徳川家が採用したこともあって、江戸時代を通じて大きな影響力を持ったものである。

江戸時代の軍学者ばかりではなく、明治以降の戦史研究家も、この合戦には注目を払ってきた。戦前、その方面の大家とされていた伊藤政之助少将も、「川中島の戦いは我が国戦術界に一大革命を与えた画期的の戦いであった」と評されている。

伊藤少将によれば、それまでの戦いは、個々の豪傑が出てきて、遠からん者は音にも聞けと叫ぶような、いわゆる一騎打ちの格闘戦術にすぎなかった、ところが信玄、謙信に至

信玄に打ちかかる謙信（「川中島合戦図屏風」より）

って新機軸を創意工夫して戦法を一新せしめたというのである。実際には、それ以前の戦いが一騎打ち戦法に拠っていたものでないことは、すでに見てきたとおりであるが、伊藤少将は、とにかくそのように主張し、これ以来、わが国の戦術は一変し、それが現代の戦術を生む源泉ともなったと結論づけている。

これほど重視されている川中島の戦いだが、広く流布したその合戦譚がどこまで信じられるかというと、はなはだ疑問である。元になっている『甲陽軍鑑』が、そもそも学者にあまり尊敬されていない書物だからである。これに対抗して、上杉家では『川中島五度合戦次第』というものをつくっているが、これもある意味では『甲陽軍鑑』以上に危ない代物である。

そのせいか最近では、謙信は本当に妻女山に陣取ったのか、「啄木鳥の計」なんて実現性があったのかというところまで、疑われるようになっている。

八幡原で両軍が衝突したことは事実かもしれないが、『甲陽軍鑑』のいうような激烈な白兵戦が展開されたものかどうかは、保証の限りでない。まして武田、上杉双方が主張するような戦死者が出たとは、とうてい考えられない。この点については、昔から両軍合わせて八千くらいの戦死者を出したと見ている人が多いが、それでも過大にすぎるだろう。

ただ、『甲陽軍鑑』の編著者の名誉のためにいっておくと、この書物は武田軍の戦果などについては誇大に書き立てる傾向があるが、戦闘描写は意外なくらい地味である。少なくとも、『信長公記』までが陥っている「鎬をけずり、鍔をわり」、「切っ先より火焔を降らし」式の空疎で紋切り型の表現とは、ほとんど無縁である。その『甲陽軍鑑』が川中島の場面だけ、例外的にあのような描写をしていることには、意味があるのかもしれない。

「本当の合戦」は、戦国百年でも例外的

実は、その点については、『甲陽軍鑑』自体が別の箇所で答えを出している。それによると、戦国百年を通じて「本（当）の合戦」といえるようなものは、そうそうあったわけではなく、この川中島の合戦と元亀三年（一五七二）の遠江《とおとうみ》（現在の静岡県西部）三方原《みかたがはら》の合戦くらいしかないという。

「本(当)の合戦」といえるためには、まず戦国大名がそれぞれ二、三万程度の人数を率いて白昼、野戦を展開するものでなければならない。さらに、その場合であっても、敵方の部将を裏切らせて勝負をつけようとしたり、戦場に壕や柵を設けたりしてはならない。あくまでも正々堂々、真正面から槍を合わせて、勝敗を決することが必要である。

たしかに、こうした基準に照らしたら、本当の合戦など、めったにあるものではない。そもそも双方の主将同士が主力を率いて戦場で対決した戦いが、それほどあるわけではない。しかも城砦の攻防戦や夜襲戦、奇襲戦は除外されてしまうから、それだけでも大坂冬・夏の陣や毛利元就《もうりもとなり》が陶晴賢《すえはるかた》を討った厳島《いつくしま》の合戦などを含めて、著名な合戦のかなりの部分が除外されてしまう。裏切りも野戦築城も駄目だというのだから、関ケ原も長篠も落第である。

また、槍を合わせて勝負をするというが、そういう本格的な白兵戦闘がどこまで行われたかも問題である。徳川家康のような歴戦の武将が、晩年になって、本当の「鑓合せ」なんて石山合戦のときに一度あったと聞いているだけだと語ったという話もある。したがって、川中島や三方原だって、どこまで「本(当)の合戦」といえるのか怪しいものだが、その点はまあ『甲陽軍鑑』のいうとおりだとしておこう。

そのように見てくると、川中島は戦国合戦の見本といったようなものではなく、むしろ、きわめて例外的な戦いだったということになるし、実際にも、そのとおりだったろう。

2 戦国合戦の実態と軍記物の距離

史料が語る応仁の乱の戦闘

戦国時代の始まりについては諸説があるが、多数説では応仁の乱からだとされている。その点に敬意を表して、軍記とそれ以外の史料をつき合わせながら、この乱の戦闘を見てみよう。といっても、応仁の乱に関しては、『平家物語』や『太平記』のような代表的な軍記はない。また、合戦譚としても、やたらにダラダラと戦争が続いていたというイメージがある程度で、はっきりした印象を持っている人は、あまりいないだろう。

それでも『応仁記』といったようなものはあって、型のごとき戦闘描写を行っている。たとえば、応仁元年（一四六七）五月二十六日は、細川勝元を主将とする東軍と山名持豊

（宗全）率いる西軍が最初に激突し、多くの寺院などが焼失した日で、「敵味方入り乱れ、兵刃を交え、攻め戦う」白兵戦闘が展開されたと記されている。

その後も、何度か激闘の場面が描き出され、七尺三寸（約二二一センチメートル）などという途方もない大太刀を振るって肉薄格闘する光景が、くり返し出てきたりする。素直に読めば、なるほど狭い市街地でひしめきあって戦うのだから、接戦が多くなったのも当然かなという気になってくる。

だが当時の人たちの日記などを見てゆくと、そうした印象も怪しくなる。近衛政家《このえまさいえ》の日記によると、両軍最初の激突の翌日には、早くも「終日矢師《やいくさ》」つまり一日中射戦という状態になったことがうかがえる。そのまた翌日の二十八日も「今日無殊合戦《きょうはことにかっせんなく》、矢師《やいくさ》許《ばかり》」であった。戦闘そのものがなかったわけではない。はかばかしいこともなしに、射戦ばかりやっていたというのである。それに続く日々もまた同様であった。これが政家の偏見ではなかったことは、他の史料にも「京都は毎日所々矢戦」とあることを見てもわかる。

開戦間もない時点から、こういう状況だとしたら、先へゆくほど弛緩《しかん》していったろうことは、想像に難くない。京都東寺の執行職の日記によると、文明六年（一四七四）七月二十六日、大内政弘勢三千人ほどがくり出したが、「所々に於いて矢合せばかり也《なり》」とある。甘露寺親長《かんろじちかなが》の同年九月九日の日記にも、この日、西軍数千人が押し出してきたが、「矢軍《やいくさ》」

だけで、格別のことはなかったと記されている。

これでは、とても白兵主義などといえるものではなく、遠戦志向がきわめて濃厚だったと見ざるをえなくなるが、お前の主張に都合のよい史料だけ引いているのではないかと思われては困る。もう少し包括的に状況を見てみよう。

応仁の乱に関わる軍忠状は、応仁元年（一四六七）九月から文明元年（一四六九）十二月までの間に、負傷者の数と負傷原因のつかめるものが九点ほどある。記載された戦死者四名、負傷者五二名、そのうち原因のわかる者が四五名である。

この四五名を負傷原因別に集計してみると、矢疵三〇、槍疵ないし突疵一一、切疵五、礫疵《つぶてきず》三の延べ四九である。矢疵と礫疵で六七・三パーセントとなるから、三分の二以上が遠戦兵器による負傷者であることが明らかである。毎日、あちこちで矢戦をやっているという記事は、さほど誇張されたものではなかったこともわかる。

軍忠状が示す戦国合戦

戦国時代の初めから、こんな調子だったとしたら、もっと先へ行ったらどうなるか。軍忠状の類が残されている合戦について、軍記類とのズレをもう少し見てみたい。

永禄六年（一五六三）八月、毛利元就は尼子《あまこ》氏の属城であった出雲白鹿城《いずもしらかじょう》（島根県松江市）

を囲み、九月末に開城させた。毛利側の軍記『陰徳《いんとく》太平記』は、八月十四日に城兵が切って出て、かなりの激戦が展開されたこと、毛利勢が坑道を掘って城中に迫ろうとしたのに対し、城方も負けずに坑道を掘り、坑道の中で接戦が演じられたこと、九月二十三日尼子勢一万余りが後詰《ごづ》め(敵の後ろから攻める部隊)として出てきて、寄手をおびき出そうとしたが、毛利方はそれに乗らず、尼子勢が引き揚げるのを追って、若干の損害を与えたことなどを記している。

一方、尼子側の軍記『雲陽軍実記《うんようぐんじつき》』は、水の手を切られそうになった城兵が白米を水のように装って、敵の見えるところで馬を洗って見せたこと、城兵が切って出て戦ったことなどを述べている。九月二十三日の後詰めの件には特に力を入れていて、弓鉄砲を激しく撃ち立てて追ってくる毛利勢相手に「鎗の柄も折るるばかりに……前後を顧みず防戦」したなどと記している。

これらとまったく異なるイメージを提供してくれるのが、吉川元春《きっかわもとはる》の軍忠状である。元春は、八月十九日以降の死傷者のリストを十一月十三日付けで実父の毛利元就に提出し、その証判を受けている。

その内訳は、戦死者五名、負傷者四四名であるが、負傷者のうち三三名が鉄砲疵、六名が矢疵、四名が礫疵、一名が礫疵と切疵の競合である。負傷者の圧倒的大多数は、遠戦でやられているのであって、どういう形にもしろ接戦を演じたと見られるのは、礫疵と切疵を併せて受けた一名だけである。なお『陰徳太平記』は、八月十四日に城兵が切って出たとき、吉川勢もこれを迎え撃って功名があったようにいっているが、この軍忠状には、その日の戦いのことは、まったく記されていない。

『陰徳太平記』というのは、この吉川家の家臣が毛利氏関係の旧記故伝を集めて編んだというもので、軍記としては程度の悪いものではない。実際、記述された事柄それ自体は、荒唐無稽というようなことはなく、かなり質の良い史料を使っていることをうかがわせる箇所も少なくない。それでも焦点の当て方や編著者の興味の持ちようによって、軍忠状のような客観的な史料の語るところとは、よほどイメージの違った合戦譚ができ上がってしまうということである。

また『雲陽軍実記』は、戦傷のため退隠した尼子の旧臣河本隆政という者の著作で、成立も天正八年（一五八〇）と比較的古い。それだけに参考になりそうな記事もあるが、その一方で、水不足を敵にさとられないよう白米で馬を洗う真似をしたなどと、とんでもないことを書いている。これは諸国にある白米城伝説というもので、どこが元祖かは知らないが、つくりごとに決まっているのである。

九月二十三日の尼子勢による後詰めの話も、奇妙なものである。尼子勢は、槍の柄も折れんばかりに戦ったというのだから、追ってきた毛利方と大変な接戦を演じたことになるが、さきの軍忠状には、この日の戦闘のことなど、まったく出てこない。それもそのはずで、このとき両軍が交戦することなどなかったのである。

毛利家の古老たちの覚書、聞書きや古文書をもとに編まれた『老翁《ろうおう》物語』という史料があるが、それによると尼子方は、たしかに一万ほどの兵力で白鹿城の救援に出てきて、二度ばかり押し寄せる気配を見せたのだという。毛利方では、まず足軽だけを一里ほど前方に出し、敵が矢の届く距離まで迫ってきたら、城への押さえの兵を残して、全軍押し出して戦うつもりでいたところ、相手はなんということもなく、引き取っていったとある。

後詰めの件自体は、間違いなくあったことなのだから、まったく根も葉もない合戦譚を創出しているような軍記類にくらべれば数段マシであるには相違ない。しかし、マシだからといっても、なかったことをあったように記していることに変わりはない。河本隆政にしてみれば、旧主家に関わることだけに、つい肩に力が入りすぎて、筆がすべってしまったのかもしれないが、後世の研究者には迷惑な話である。

負傷者の統計から見た戦国合戦の真実

軍記類と軍忠状などの史料とのズレを物語る話題は、まだまだあるが、それはこの程度にして、南北朝時代の合戦の場合と同様のやり方で、実態を探ってみたい。

材料としては、まず軍忠状の類がある。もっとも、ひと口に「軍忠状」といっても、名称などはさまざまであること、この時代になると、従軍者が差し出して証明してもらう形式よりも、主君のほうから提出を求める形のものが多くなってくることは、すでに述べたとおりである。いずれにせよ、客観的な確認を経ているか、少なくとも第三者のチェックを受けることを想定してつくられたものである。

これ以外には「感状《かんじょう》」なども利用できる。これは主君や指揮官から、戦功を立てた者にお褒めの言葉を記して与えるものであるが、それらの中には、その者の負傷した状況などに触れているものがある。いろいろ格好をつけているのではないかとか、弓鉄砲で負傷した者より接戦を演じて白兵で負傷した者のほうが顕彰されやすいのではないかとかいった疑問はあるが、客観的な確認を経たものであるには違いない。

応仁元年（一四六七）の応仁の乱から、寛永十四年（一六三七）の島原の乱までの間、私の見た軍忠状の類が約一二〇〇点、感状の類が約八〇〇点ある。それらから確認できる戦死者が二五五五名、負傷者が一五〇三名である。負傷者のうち負傷原因が明らかにされている者が一四六六名いるが、一人が競合して種類の異なる傷を負っている場合があるので、延べ数にすると一五三九名となる。その内訳は、グラフに示すとおりである。

ここで若干のコメントを加えておくと、「矢疵」と「射疵」、「鑓疵」と「突疵」、「刀疵」と「太刀疵」は、元の史料の表記が違うだけで、意味内容は同一のはずである。「鉄炮疵」と「手火矢《てびや》疵」も同様である。「手火矢」は、九州地方を中心に長く使われた用語で、先込め式の火縄銃を指していたことは間違いない。

「石疵」と「礫疵」は、必ずしも同一とはいえない。「礫疵」は投石を意味しているだろうが、「石疵」には、城の上などから石を落としかけられた場合を含んでいるはずである。また、石弾を発射する粗製の銃によると見てもおかしくない負傷が十数件あるが、石銃による負傷とまでは明示されていないので、さしあたり、「石疵・礫疵」に分類しておいた。

「刀疵」と「太刀疵」も同じ意味だと思われるが、これらと「切疵」が同一かどうかはわからないので、別扱いとしてある。「切疵」には、薙刀疵とか一時かなり用いられた長巻《ながまき》（薙刀の刃を長く、柄を短くしたような武器）による負傷が相当数入っている可能性が高い。それで薙刀疵は、こちらの区分に入れておいた。ちなみに南北朝時代

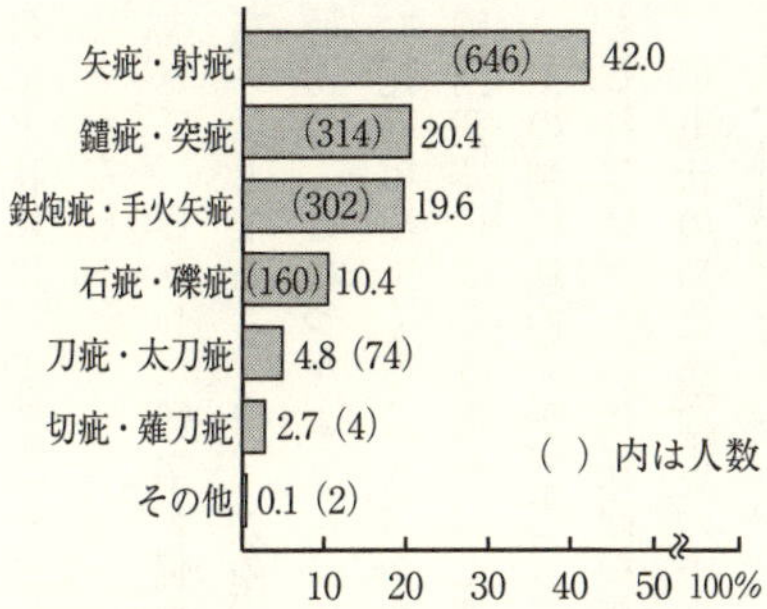

戦国時代の戦傷比較（応仁の乱～島原の乱）

の軍忠状には、「切疵」とか「被切《きられ》」とかいう記載はあるが、「刀疵」や「太刀疵」は見たことがない。

さて、こうした数字を眺めてまず気がつくのは、遠戦用の武器による受傷率がきわめて高いことである。弓、鉄砲、石・礫などを合わせると、七二パーセントにも達している。最初にことわったように、感状の類も材料としている関係で、接戦による負傷者が多少高い比率で出てくることは否めない。参考までに、それらを差し引いて計算してみると、遠戦用武器による受傷率は七四パーセント強である。

その割に鉄砲（手火矢）による受傷率が低いと感じられた方も、かなりいらっしゃるかもしれない。それは鉄砲が普及する以前の史料が多いことによるものである。

軍忠状の類に鉄砲疵（手火矢疵）が現れるのは、私の調べた限りでは、永禄六年（一五六三）一月以降のことである。同じ年の八月、出雲白鹿城の攻防戦で、毛利勢が多数鉄砲で撃たれたことは、すでに取り上げたとおりであるから、もっと早い時点から出てきてもよさそうなものだが、それ以前には見当たらない。ただし、石弾を発射する粗製の銃によるものではないかと見られる負傷者であれば、いわゆる「鉄砲伝来」よりも一年早い天文十一年（一五四二）からすでに発生しているが、これは「石疵・礫疵」に分類した。

鉄砲疵が登場した以降の分だけを計算してみれば、それは全体の四二パーセントくらいを占めることが明らかである。また、そのころになると矢疵や石疵・礫疵の比率は次第に減ってくるが、それらと鉄砲疵を合わせた遠戦用武器全体では七〇パーセント近い数値となる。鉄砲疵出現前の遠戦用武器による受傷率が七五パーセント弱であるから、多少減少はしているが、きわ立った変化を遂げたわけではない。従来、弓矢や石・礫の果たしていた役割が、次第に鉄砲に取って代わられたと見るべきであろう。

要するに、戦国時代もまた白兵主義時代などといえるものではなく、遠戦志向のきわめて濃厚な時代だったのである。ただ、さきに取り上げた南北朝時代の数値とくらべた場合、遠戦用武器による受傷率は、明らかに下落している。

槍の普及と白兵志向

これには、さまざまな理由が考えられるが、その一つは、槍という新兵器が広く普及したことによるものであろう。南北朝時代に用いられていた接戦用武器としては、槍よりも刀剣類が多かった。戦国時代においても、刀剣類は用いられたが、「刀疵」「太刀疵」「切疵」「薙刀疵」をすべて合算してみても七・五パーセントほどでしかない。この数値は、礫をぶつけられたり、石を落とされたりして負傷した者の比率よりも、はるかに低い。

これに対して槍による受傷率は、南北朝時代と戦国時代の遠戦用武器による受傷率の差にほぼ匹敵する。これは偶然ではなく、槍の普及定着がかなりの程度まで戦闘のあり方を変えたのではないかということである。

そうした変化は、負傷者に対する戦死者の比率が、南北朝時代に比べると、かなり高いものとなっていることからもうかがえる。ただ、それは必ずしも戦闘そのものが苛烈になったことを意味するわけではなく、「首取り」が盛行をきわめるようになったことと関連しているのではないかと考えられる。

戦功の証しとして敵の首を切り取ることは、従来から行われていたが、戦国時代が進むにつれて過熱する一方となった。負傷して動けないような者は、戦闘員であろうと人夫など非戦闘員であろうと、見さかいなく首を取られた。すでに死んでいる者はもちろん、戦闘とはまったく無関係な農民・町人の首まで取るようなことも行われた。

首を取るための行為が白兵戦闘らしく見えたことについては、また改めて触れるが、首を取るという目的がなかったら、およそ必要のなかったはずの接戦がしばしば演じられていたことも当時の史料からうかがえる。戦国時代に白兵志向が見られるとしても、こうした観点からもチェックしてみる必要がある。

それでも強かった遠戦志向

この時代の遠戦志向についても、一言しておきたい。「遠戦」というと、敵とはるかに距離を保って戦うというイメージがあるかもしれないが、それはまったく違う。弓矢や礫はもちろん、鉄砲にしても、もともと有効に使える距離は短かったたし、ことさら至近距離で用いられることが多かった。城の防御などに当たって、銃口を相手にさし付けるようにして発砲するのは珍しい話ではなかった。

それでは遠戦も接戦もさしたる差はないではないかということになりそうだが、そうした状況においても、なおかつ接戦用武器よりも、遠戦用武器のほうが好んで用いられたということが大事である。それを裏書するように、一軍の中に占める銃兵の比率は時とともに増えている。たとえば、慶長十九年(一六一四)の大坂冬の陣のとき、奥州の伊達家は、戦闘員の三分の二を銃兵としているし、紀伊の浅野家も翌年の夏の陣に当たって、長柄槍《ながえやり》の三倍ないし四倍の鉄砲を用意させている。

接戦用兵器よりも遠戦用兵器が歓迎されたのは、個々の兵士たちが身をかばいたがるという当然の心理に裏打ちされていたことはたしかだろうが、それ以上に当時の武将たちがその効用を認めていたからである。実際にも、接戦用兵器にくらべて遠戦用兵器による受傷率が高かったことは、すでにご覧いただいたとおりである。

あるいは、鉄砲などは大量に戦場に持ち出されているのだから、それによる負傷者が多くなるのは当然だという意見があるかもしれないが、それはまったく違う。この時代、戦場にもっとも大量に持ち出された武器は刀であったが、刀で負傷した者など、石や礫でやられた者よりずっと少なかったのである。

3 戦国大名の戦い方

戦国大名の軍隊

戦国大名たちにとって白兵主義は、そもそも無縁のものであった。彼らの中にも、勇ましいことの好きな人間はいくらもいただろうが、それでも昭和の陸軍幹部のように、日本刀と銃剣と「必勝の信念」があれば、向かうところ敵なしだなどと考えた者は、ただの一人もいない。もし、そんなことを本気で信じる者がいたら、三日ともたずに没落していたことは間違いない。

そもそも戦国の諸侯にとって、正々堂々の白兵決戦などは得策でなかっただけでなく、しばしばできない相談でもあった。

戦国大名の軍隊は、家臣たちの提供する兵員を中心に構成されていた。馬や武器も提供者側が用意した。もちろん、家臣たちもタダでそういうことをするわけではない。主君から与えられた知行《ちぎょう》（収入の伴う土地）や扶持《ふち》（米穀や金銭）に応じた負担をするのである。つまり、戦国大名の軍隊は、彼らが懐《ふところ》を痛めてつくっていたということである。傭兵《ようへい》などを連れてきたり、直属の兵士を抱えたりすることもあったが、その場合であっても、大名たちの懐が痛むことに変わりはない。

戦国大名というのは、絶対的な存在ではなく、地域の中小の領主たちを統合して、その上に乗っかっているようなものであった。これら中小の領主たちにとっても、事情はまったく同じで、むやみに損害を出すようなことは避けなければならなかった。

そうであるとしたら、勝っても負けても損害を出す可能性の高い白兵決戦などやりたがるはずがないのである。それに懐具合だけではなく、当時の人口事情を考えれば、失われた兵員の補充が大変であるし、なんとか集められたとしても、次には訓練の問題がある。未訓練の兵士ばかり多くなってしまったら、戦力は一挙に下落してしまう。

川中島合戦で武田・上杉両軍の戦死者が約八千に及んだという「通説」に疑義を呈したのも、こうした問題があるからである。両軍約三万三千のうち約八千が戦死したとしたら、負傷者は、その何倍もあったと見るのが常識であるから、もはや軍隊として機能しなくなってしまっただろう。そういうときに隣国の諸侯が侵攻してきたらどうなるか。ひとたまりもなく撃ち破られてしまったに違いない。

それでも戦死者約八千がウソではないのだとしたら、そのような合戦は、偶発的に起きたものとしか考えようがない。たまたま一回だけだからよかったものの、そんな戦いを二度、三度くり返していたら、どんな戦国大名も潰れざるをえないからである。川中島は、やはり戦国合戦として、例外中の例外事例だったということになる。

徴兵制の軍隊とは異なる事情

戦国時代の軍隊を後の国民国家のそれと同一視してはならない。明治の陸軍は、『歩兵操典』改正前の日露戦争においても、旅順《りょじゅん》要塞の攻略に「肉弾」戦を仕掛け、累計約一三万の参戦者中、死傷約五万九千という大損害を出した。そういうことができたのは、赤紙（召集令状）一枚で、いくらでも兵士を集められたからである。

たとえていえば、それは私財を投じて行う事業とすべて税金でまかなわれる事業の違いのようなものである。身銭を切る仕事だったら、赤字は覚悟、採算は度外視してよいなどとは、そうそういっていられるものではない。多大の損害を顧みずに攻勢主義、攻撃主義を採るなどというのは、戦国大名にとって許されることではなかった。

　これは、わが国だけのことではなく、歴史的事情の似ているヨーロッパでも同様であった。王侯たちが自前で軍隊を維持しなければならなかった時代には、できるだけ損害を出さないような戦い方が心がけられた。ところが革命後のフランスで国民国家が成立すると、状況が一変した。ナポレオンの軍隊が強かったのは、一つには短期間に大勢の兵士を集められたことによるものである。

　もっとも、近代軍の動員にだって限界はある。アメリカの南北戦争のとき、南軍はゲティスバーグの戦い（一八六三）で、戦闘参加者約八万のうち二万八千余りを失ったため、二度と攻勢に出ることができなくなった。

　それはさておき、こうした事情があったため、戦国大名たちは、できる限り損害の少ない戦い方をしようとした。遠戦志向が強かったのも、その現れといえるし、兵糧攻めだの水攻めだのも、そのために採られた手段である。さらに進んで、彼らは、できるものなら戦わずに勝てないかということを常に考えていた。『孫子』の兵法に「戦わずして人の兵を屈するは、善の善なる者なり」とあり、『六韜《りくとう》』にも「勝を白刃の前に争う者は、良将に非ざるなり」とあるが、そういう考え方は、非常によく浸透していたのである。

戦国大名の軍編制と装備

大がかりな白兵戦闘など想定されていなかったことは、当時の軍隊の編制・装備からもわかる。まず編制であるが、この時代には、騎馬武者五〇騎を中核とする部隊を基本的な戦術単位とする家が多かったようである。武田家の場合、これに徒歩の兵士などを合わせて士卒三九〇人、人夫など二三八人の計六二八人を一隊とした（六四四人とする説もある）。上杉家では、士卒五五〇人、人夫など一五〇人の七〇〇人で一隊としていた。

士卒すべてが戦闘員と見れば、武田家は約六二パーセント、上杉家は約七八パーセントが戦闘員だったことになるが、この中には中間《ちゆうげん》、小者なども含まれている。実際に戦場で働きうる者は、総人数の半数を越えることはなかったであろう。

戦場へ出て働く者の装備も問題である。上杉家の天正三年（一五七五）の軍役で見ると、戦闘員の三分の二近くは槍兵であるが、彼らに対しては、甲冑などの武具の指定はまったくない。旗持ちの兵士たちについても同様であるから、両者を合わせると、戦場に出る者の七〇パーセント以上が当時の言葉でいう「素肌《すはだ》」であったことになる。武田家の場合も、「武田信玄配陣図屛風」によって見る限り、長柄槍を携えた兵士（長柄足軽）たちは、甲冑を着けず、羽織に鉢巻という出で立ちである。

この時代には、白兵戦闘を行おうとするなら、甲冑など武具を着けるのが常識であった。

天正八年（一五八〇）、武田勝頼主従が上野膳城《こうずけぜんじょう》（群馬県勢多郡粕川村）を甲冑を着けることなしに攻め落として、「素肌の城攻め」と大評判になったことがある。それというのも、まったく前例のない常識破りのことをやったからである。

要するに、わが国では「肉薄格闘」戦をやろうというなら、武具を着けるのが常識だったのであり、逆にいえば、長柄足軽や旗持ちが「素肌」でいたということは、白兵戦闘など期待されていなかったということである。

実際、長柄槍の足軽の仕事は、敵兵を突くというよりも、相手の足軽などをたたき立てて隊形を崩すとか、味方が崩れそうになったり、弓兵や銃兵の隊列が脅かされたりしたときに、「槍ぶすま」をつくって、敵の突入を阻止したりするということであった。一方、鉄砲足軽や弓足軽は、甲冑を着けていた例も多いが、彼らは、その性質上、もともと接戦のための要員とは考えられていなかった。防具を着けたのは、緒戦から最前線に出る関係で、彼ら自身が弓、鉄砲の的になりやすかったからであろう。

要するに、全軍挙げての白兵戦などは想定していなかったというのが、この時代の実情であって、「接戦要員」がいたとすれば、士分だけだったことになる。しかし、彼らが、常に決死的な白兵戦闘を演じていたかどうかは、また別の問題である。江戸時代の軍学者大道寺友山《だいどうじゆうざん》は、仮に合戦で戦死者が千人出たとすると、そのうち侍分はせいぜい百人か百五十人くらいのもので、残りは足軽、長柄、旗持ち、雑人の類だったと記している。

江戸初期生まれの友山が実際に見聞したわけもないから、古老などから聞かされたのだろうが、もともと戦闘要員に数えられていない者や戦闘要員であっても装備のよくない者が討死する比率が高かったということである。たしかに、甲冑を着けていないような者は、接戦であれ遠戦であれ、死傷する可能性が高かったことは間違いない。

この時代の接戦は、一方が崩れるか、崩れかかったときに起きることが多く、戦死者も追い討ちされる過程で多く出た。その場合、負傷者も動けないでいたり、逃げ遅れたりすれば、首を取られてしまうことは、すでに触れたとおりであるが、れっきとした侍なら、馬があるから逃げやすいし、従者に助けてもらって引き上げることもできたのである。

第五の問い

武田騎馬隊の突撃、信長鉄砲隊の三段撃ちは、本当にあったのか？

戦国～安土桃山時代

1　長篠の合戦は「戦術革命」だったのか？

長篠の戦い

「川中島」が戦国合戦の典型と見られているように、「長篠」もまた、この時代を象徴する合戦のように見られている。一般には、「川中島」を頂点とするような合戦の伝統が「長篠」合戦によって断ち切られた、そこで一種の「戦術革命」が行われたと、とらえられているのである。

長篠合戦について、ご存じでない方は、あまりおられないかもしれないが、念のため記しておくと、この戦いは天正三年（一五七五）五月二十一日に行われた。徳川家の属城である三河長篠城（愛知県南設楽郡鳳来町）が甲斐の武田勝頼の軍勢に包囲されたので、織田信長・徳川家康の連合軍が救援に出動し、城の西方のいわゆる設楽原《しだらがはら》一帯（愛知県新城市）で戦って連合軍側が大勝したというのが、そのあらましである。

家康はもちろんのこと、信長にしても、甲斐の武田信玄とその率いる軍団をひどく恐れていた。長篠の戦いのときには、すでに信玄は死没していたが、それでも、その強い武田軍を撃ち破った意義は大きかった。これによって信長、家康の未来は、一挙に明るいものとなったし、その後のわが国の歴史に与えた影響も小さなものではなかった。

しかし、現代の学者やもの書きの人びとが、この合戦を歴史の転換点のようにいっているのは、必ずしも、そうした意味からではない。むしろ、信長がそれまで例のなかった「新戦術」を用いたと考えているからである。その内容は、よく知られているように、戦場に三重の馬防柵を設け、その背後に三千挺の鉄砲を配置して、千挺ずつ間断なく発砲させることにより、武田の騎馬隊を撃滅したというものである。

新旧両勢力の決戦？

これが「戦術革命」だというのだが、こうした見方にしたがえば、長篠の戦いというのは、中世的な軍隊と近代的な軍隊の対決だったということになる。ある学者は、「著名の古い騎馬・長槍部隊と無名兵士集団の新しい技術との戦い」であり、「新旧勢力の交替を示す決戦」であったと書いておられるが、こうしたとらえ方は、この人だけのものではない。いや、至る所にあふれていて、すでに「定説」化しているといったほうがよい。

大学用のある日本史教科書には「武田側の騎馬と長槍を中心とした旧装備の数万の軍隊に対し、信長は機動力に富む三千の足軽歩兵隊をもって勝利を得たもので、鉄砲の威力を世に示し、その後の戦闘の様相を一変させた」とあるし、高校用の教科書なども、申し合わせたように、信長の鉄砲隊が武田の騎馬隊（騎馬軍団）を撃破したことを強調している。

広く使われている国史（日本史）事典にも、「（信長の）この戦法の大成功により、武田氏に代表される騎馬中心の戦法から鉄砲主体の戦法へと戦の主流が移った」と明記されている。戦国時代の通史の中で「長篠の戦いにおける信長の鉄砲戦略によって、これ以後の戦いは大きな様がわりをしたことは間違いない」と断言された大学教授もいる。

プロからアマまで、たくさんの人たちが信じている「定説」に、異を立てたくはないが、歴史は多数決でつくるものではない。どれだけの人がどう主張しようと、間違っているものは、やはり間違っている。長篠の戦いは、たしかに注目すべきものであったには違いないが、「戦術革命」などといえるものではない。戦場に柵を設けるなど、この戦いで実際に行われたことは、それ以前から行われていたし、鉄砲の三段撃ちのように実行された形跡のないことは、その後もずっと実現していないのである。

根拠のない「定説」

信長が三千挺の鉄砲を三段撃ちさせて、武田の騎馬隊を撃滅したというのが「定説」の目玉であるが、これは小瀬甫庵の『信長記』という書物に出てくるもので、なんら根拠のある話ではない。たとえば信長の旧臣・太田牛一の著作『信長公記』の自筆本には、三千挺どころか「千挺ばかり」という数値が挙げられているにすぎない。この点を最初に指摘されたのは藤本正行氏だが、甫庵の『信長記』と『信長公記』との史料としての信頼度を考えれば、後者に従うのは当然であろう。

三段撃ちにしても同じである。この戦いに関係した者の書簡や覚書などには、そんなことはいっさい出てこないし、『信長公記』ももちろん触れていない。それだけでも否定されておかしくないし、信長がこうした戦法を考えついたとも思えない。仮に考えたとしても、信長にとっては実行の可能性もなければ、必要性もないものであった。

もし三段撃ちをやってみようとすれば、予定された戦線をカバーできるほどの大量の鉄砲と複雑な運動をこなせる、よく訓練された兵士とそのような運動ができる空間が必要であるが、長篠の信長にはすべて欠けていた。鉄砲は千挺ほどしかなかったし、それを操る兵士たちは、共通訓練を経たことのない寄せ集めの連中だった。おまけに、もともと狭い所に何重にも障害物を設けたため、彼らが入れ替わりながら動ける余地などなかった。

一方、大勢の銃兵を何段にも並べて、ひっきりなしに撃たせる必要が出てくるのは、敵方も同じように横長に展開して、一斉にとぎれることなく、攻撃をかけてきたような場合である。ところが長篠の武田勢は、織田・徳川勢よりもずっと人数も少なかったうえに、全軍が一斉に仕掛けてきたわけでもない。とすれば敵が目の前にいる、いないにかかわらず、絶え間なしに一斉射撃をかけるといった無駄なことをする必要はなにもない。

三千挺の三段撃ちというのは、こういう具合にまったくのデタラメなのだが、陸軍参謀本部が明治三十六年（一九〇三）に編纂した『日本戦史』が真説であるかのようにこれを取り上げた。それ以来、ネコもシャクシも主張するようになったものである。

武田の騎馬隊とか騎馬軍団とかいうのも、同様に甫庵の記述などから生まれた勝手な想像にすぎない。この時代には、騎馬武者だけを集めて一隊をつくるなどということはありえなかった。軍隊の構造が、そのようにできていなかったからである。また、騎馬武者も、戦闘に当たっては、ほとんど下馬してしまうのが、長篠の戦いなどのずっと以前からの慣行であった。その点については、いくらもたしかな証拠がある。

信長がいち早く鉄砲に着目して大量に用意したのに対し、武田家は鉄砲の威力を軽視していた、あるいはまったく用意していなかったなどと主張した人もいる。信長が鉄砲に関心を払ったことは事実だが、彼より先に着目した者もいるし、大量に使用した者もいる。

武田家云々は、元亀三年（一五七二）の三方原の戦いで、武田の投石兵が活躍したという話あたりから思いついたものらしい。だが、三方原の武田勢は、石も投げたが、鉄砲も撃っている。もともと武田家は、早くから鉄砲の導入には力を入れていたのである。設楽原での戦いに先立って長篠城を囲んだときも、城の建物が穴だらけになるほど大量の鉄砲を使ったことは、徳川家康の回顧談からもうかがえる。

「武田騎馬隊」の実像

長篠の「定説」を信奉している人たちは、信長の鉄砲隊が武田の騎馬隊（ないし騎馬軍団）を撃ち破ったと主張している。武田「騎馬隊」の装備については、なにも触れていない人もいるが、騎馬・長槍部隊と断定した人もいることは、さきに見たとおりである。なにもいっていない人たちも、騎馬弓兵と考えているわけではなさそうだし、まして手ぶらでやってきたというつもりもないだろうから、やはり槍か刀を想定しているのだろう。甫庵の『信長記』では、刀を抜いて突撃してきたようにいっている。

いずれにせよ、「騎馬白兵」というイメージが念頭にあるのだろうが、これは大変不思議な発想である。騎馬戦闘の慣行の有無については、この後で触れるが、武士たちが騎乗したまま戦うのが常態であった平安～鎌倉時代においても、白兵を主武器とすることはなかった。南北朝時代以降になると、騎馬兵の比率自体が低くなるし、戦闘も徒歩戦主体になってきたことは、ここまでさんざん述べてきたとおりである。

ところが「定説」派の人たちは、「騎馬・長槍部隊」だとか、「騎馬中心の戦法」だとか主張している。室町〜戦国時代のどこかで転換があったとしない限り、そうした主張は成り立たないはずであるが、私の知る限り、それを明確にいった人はいない。

それを覆すような材料なら、いくらでもある。まず、「騎馬中心の戦法」などといったところで、そもそも騎馬兵自体が、そんなにたくさんいたわけではない。軍役の状況から見ると、武田氏の場合、せいぜい一〇パーセント弱であって、この数値は、上杉氏や小田原の北条氏よりも、むしろ低いくらいである。

これらの騎馬兵の武器はなんであったかというと、馬上で弓矢を携える者が減少するのと反比例するように、槍が増えていったろうことは想像に難くない。ただ、それを馬上で振り回したかどうかは、また別の問題である。金子有鄰《かねこゆうりん》氏は、槍や薙刀のような長物《ながもの》は両手で扱わなければならないので、よほど馬術に達者でなければ使えないし、馬上では重心を失いやすいので、必ずしも有利ではないと説明されている。戦場においては無力ともいえる刀が意外に騎馬兵に用いられたのも、長物にない利点があったからだともある。

金子氏は、安芸武田流の弓馬軍礼故実の宗家を継承して、弓、馬、剣、槍、体術を学んだ方であるから、これは机上の論議ではない。武術家で時代考証家でもある名和弓雄氏からも、馬上の槍使いは大変むずかしくて、下手をすると落馬して騎乗者の命取りにもなりかねないということを、ご自身の実験談としてうかがったことがある。

騎馬兵は下馬して戦った

それでは騎馬兵は、せっかく携えた槍をどのように使ったのかというと、たいていの場合、下馬して使ったのである。少なくとも緒戦においては、騎馬兵はあらまし下馬して、槍など各自の得物を手にして戦闘に加わるのが当時の戦闘慣行であった。

長篠の戦いにおいても、武田勢は、一備《そなえ》（部隊）のうち隊長ら七、八人だけが騎乗し、残りの者は馬を後ろに曳《ひ》かせ、各自槍を採って進んだと『甲陽軍鑑』は記している。一備は騎馬武者五〇騎が中核であるから、騎乗する資格のある者も、大部分は下馬してしまったということである。学者は、『甲陽軍鑑』を信用したがらないが、これは各種の「長篠合戦図屏風」などの描写とも、ほぼ一致する情景である。

下馬した後の馬はどうするかというと、後方に「馬備《うまぞな》え」をつくって、まとめて置くことになっていた。そのことは、甲州流軍学でもいっているし、「武田信玄配陣図屏風」にも描かれている。再び馬が必要になるのは、勝機が見えてきて、敵を追い崩そうというときか、敗色濃厚になって、逃げ出すときかである。こうしたあり方は、別に武田家に限ったことではなく、どの家も似たようなものであった。

下馬戦闘の慣行は、長篠合戦などよりもずっと以前から定着していたもので、宣教師のフランシスコ・ザビエルも、この戦いの二十三年も前に出した書簡の中で、日本人が馬術に熱心であることをいう一方で、馬はいるにもかかわらず、彼らは徒歩で戦っていると記している。

その後輩のルイス・フロイスも、長篠の四年前に出した報告で、徒歩で戦うのが日本の習慣であるから、彼らは戦いが始まる以前に下馬してしまうと述べている。

肝心の日本人にとっては、あまりにも当然の慣行だったためか、このように正面きって書いたものはあまりないが、当時の史料を少し注意深く読んでみれば、それに触れたものがいくらもある。そうした記憶は、江戸時代にもずっと受けつがれ、軍学者たちはもちろん、頼山陽のような人でも知っていた。武士の時代が終わると、それが忘れられ、張扇《はりおうぎ》調の講釈師が語る軍記物に引きずられた人たちが、「騎馬白兵」などというようになったらしい。

下馬戦闘が盛んになった理由は、いろいろ考えられるが、当時来日していた外国人は、日本馬の馬格が小さいこと、集団訓練ができていないことなどをいっているから、おそら

武田軍の馬備え（「武田信玄配陣図屏風」より）

く、それが最大の理由であったろう。豊臣時代に来日したイスパニアの商人アビラ・ヒロンなどは、日本中でもっとも良い馬でも、自分の国では、せいぜい薪運びに使える程度のものだとまで極言している。それに加えて、わが国の地形が複雑で、馬を操るのが困難な場面も多かったことなども影響しているであろう。

こういう状態では、長篠「定説」派が好んで口にする「騎馬隊の密集突撃」などありえなかったことは当然である。実をいえば、わが国よりもずっと馬格の良い馬に乗り、馬上で戦闘する機会の多かったヨーロッパにおいてすら、騎馬兵がまとまって、隊伍《たいご》を組んで行動するようになったのは、一五五七年以降のことである。

これ以来、近代的な騎兵隊がつくられてゆくが、主武器は火器であった場合が多く、たいていの国の騎兵隊が槍をかまえて密集突撃するようになったのは、一九世紀もしばらく経ってからであった。

「戦術革命」はなかった

長篠の戦いで「騎馬白兵」から「徒歩火兵」への転換が行われたという説は、そうした点からも崩れざるをえないが、「徒歩火兵」についても、ずいぶんおかしな説明が行われているので、その点についても簡単に触れておきたい。

たとえば、高名な歴史学者の中に、長篠以前の鉄砲は構えも一段で、狙撃用かせいぜい白兵戦の露はらいくらいの役割しかなく、主力は槍で戦っていたと主張した方がおられるが、これなどは二重三重に誤っている。

長篠以前は、槍を主武器とする白兵主義時代だったと決めてしまうのが、まずおかしい。軍忠状などから計算した負傷者の統計で示したように、鉄砲疵というものが登場する以前の段階で、遠戦用武器による受傷率は七五パーセント近くに達している。槍による受傷率は二〇パーセント強であって、弓矢によるもののちょうど三分の一でしかない。白兵の致死率は高いから、負傷者としてはあまり出てこないのだろうという強弁が成り立たないことは、すでに指摘したとおりである。

実は、鉄砲疵というものが出てきてからのほうが、白兵による受傷率は少し上昇していることは、これもすでに触れたところである。それでも槍によるものは、弓矢とまったく同率である。鉄砲が定着する前も後も遠戦志向が旺盛だったことに変わりはなく、弓矢や礫の果たしていた役割が、しだいに鉄砲に置き換えられたまでのことなのである。

長篠の前は、鉄砲は一段構えだったとか、大した役割は果たしていなかったとかいうのも、独断あるいは臆断にすぎない。一段構え云々は、長篠で織田勢が「三段撃ち」をやったということを踏まえているのだが、あれは俗説にすぎないことは、すでにいったとおりである。また、それ以前の鉄砲の操法として、多段撃ちが行われていたか、いなかったかについては、どちらと確定的にいえるだけの材料はないはずである。

長篠以前からあった鉄砲の大量使用

鉄砲が長篠より前にどういう役割を果たしていたかについては、さきに述べた出雲白鹿城の戦例を思い出していただきたい。負傷者の四分の三は、鉄砲によって生じている。あれは城砦戦だから参考にならないという意見もあるかもしれないが、それをいうなら長篠の戦いも同様である。

「定説」では、いわゆる馬防柵ばかりが強調されるが、史料を検討してみれば明らかなように、信長側は木柵ばかりでなく、土塁や空壕《からぼり》もつくっていた。こうした障害物を何重にも構えたのだから、戦いは、武田方もいうように「城攻め」の様相を呈することとなった。あるいは、その程度のものを「城」とは大げさだという意見もあるかもしれないが、中世までの城のほとんどは空壕や土塁をめぐらし、柵や塀を設けるくらいのものだったのだから、「城攻め」という形容に誇張はない。

大量に鉄砲を使用するのも、別に長篠の戦いから始まったわけではなく、そうした前例はいくらもある。たとえば、長篠の五年前の元亀元年（一五七〇）、信長が将軍足利義昭《あしかがよしあき》をかついで摂津の野田・福島両城（大阪市福島区）に籠る三好党を攻めたとき、紀州から応援に来た連中は、三千挺の鉄砲を携えていたと、ほかならぬ『信長公記』に記されている。彼らは、連日、野田・福島に押し寄せて、城方の鉄砲隊との間に、日夜天地も響くばかりの一大銃撃戦をくり広げたともある。

これはもう「白兵戦の露はらい」などというレベルの話ではないし、もちろん、単なる狙撃用だったわけでもない。「徒歩火兵」時代は、長篠以前からとっくに始まっているのである。ただ、わが国では、銃兵が照準もつけずにひたすら前方に向けて発砲するようなヨーロッパ的戦法は、ついに登場せず、集団で使用する場合でも、各銃兵がそれぞれ狙いをつけて撃っていた。したがって、これを「狙撃」というのであれば、幕末まで、鉄砲はずっと狙撃用の武器だったことになる。

2 鉄砲は、なにをもたらしたのか?

鉄砲を歓迎する下地

これまでのところで明らかなように、戦国時代に白兵主義から火兵主義への転換があったというような事実はない。もちろん、長篠の戦いが転換の節目になったということもありえない。

鉄砲は戦闘思想を変えたわけではなく、むしろ、従来からの思想に都合よく適合したというまでである。長篠の戦いについての「定説」に代表されるような解釈は、戦闘の様相の変化と戦闘思想の変化とを取り違えているのではないかと思われる。

地域差はあるものの、わが国での鉄砲の普及は、全体として見れば、きわめて早かったが、それというのも、それを熱烈歓迎するような下地があったからである。

鉄砲のもたらした影響については、それまでの戦い方は、個別戦闘主体だったものが、集団戦闘に変わったようにいう人がいる。長篠までは一騎打ち戦法だったという考え方からすれば当然であるが、そうした前提が成り立たない以上、無理な主張である。

佐藤堅司氏は、長槍兵を密集させて戦う集団戦術は、武田信玄、上杉謙信の両雄によって、ある程度まで開拓されたものを信長が完成させ、さらに長槍隊を密集銃隊に置き換えたのだと論じている。これは川中島の箇所で紹介した伊藤少将の主張と相通ずるものであって、両氏とも、それ以前は中世的な一騎打ち戦法の時代だったとされているのだから、個人戦から集団戦への転換点を長篠よりも前に持っていったということである。

厳密な意味での一騎打ち時代といえるようなものがあったかどうか疑問であることは、すでに触れたとおりである。仮に、それらしい期間があったとすれば、戦闘も小規模で少数の武士たちが馬上で戦っていたころに限られるであろう。徒歩兵、ことに徒歩弓兵の比率、比重が増大してくれば、そんなものは成り立たなくなり、集団的な運用が必要になることは自明である。

鉄砲は集団戦をもたらしたか？

それは、飛び道具を一つの戦場に大量に持ち込んだ場合、かなり規律のある使い方をしないと、同士討ちなどを引き起こす恐れが強いからである。刀や槍ですら、一定の空間で大量に使うには、かなりの注意が要求されたが、遠戦用武器の危険性は、白兵の比ではない。実際にも、南北朝時代以降、徒歩弓兵は相当程度まとまって動いていたと思われる。その事実は軍記物ですら無視しえなかったようで、それをうかがわせる記述もある。

というわけで、集団戦、団体戦は、かなり早い時期から定着しつつあったと見るべきだが、そのことと一隊が戦術的な単位として組織的に整然と戦っていたかどうかは、また別の問題である。その意味では、信玄、謙信から、組織的な戦い方が始まったという見方は、当たらずといえども遠からずといったところかもしれない。

信玄の遺法によるという槍法が武蔵《むさし》八王子辺りに伝わっていたが、それは個人的に勝負を争うといったものではなく、大勢の人間が槍先をそろえて集団で進退するものであった。その訓練風景を実際に見たことのある勝海舟は、信玄の兵法は「規律あり節制ある当今の西洋流と少しも違わない」といい、「おれは後で西洋の操練を習ったから、初めてこの（信玄以来の）法のすこぶる実用に叶《かな》っていることを知った」と評している。

こうした下地があったうえに、鉄砲が普及してくれば、誤射や暴発、火薬の引火事故などの恐れがあるため、弓矢などより、はるかに規律のある行動が要求されることになる。

したがって、戦闘の集団化、組織化傾向がいっそう加速されたことは、想像に難くない。もちろん、長篠以前にも、鉄砲は大量に使われていたのだから、信長がそういうことを始めたわけではない。

しかし、集団戦闘ということをきわめて厳密に考えれば、兵士たちが固まって、かなりの程度まで規律を保って行動できるというだけでは十分ではない。海舟が評価した信玄の兵法くらいではまだ足りなくて、近代ヨーロッパの銃兵のように、一隊が一個の機械のように運動できるのが理想だということになる。彼らは、勝手に身動きすることを許されず、ひたすら前方に向かって発砲するだけで、どの敵を狙って撃つかという選択すらできなかった。

鉄砲と戦場の「功名」

わが国では、こんな没個性的な戦法は、ついぞ出現しなかった。戦国の世がずっと続いていたら、似たようなことになったのではないかという意見もあるかもしれないが、それはおぼつかない。いくら集団的に進退するとかなんとかいっても、日本人の戦い方は、常に個々人が功名を立てることと無関係ではなかったからである。そういうことともっとも縁遠いはずの銃兵ですら例外ではなく、誰が誰を撃ち倒したのか、何人撃ったのかが確認できる形で使われるのが、むしろ普通であった。

幕末に洋式戦術が導入されて、初めて没個性的な戦法の存在が知られたはずだが、簡単には定着しなかった。なにしろ号令をかけて銃隊を動かす慣行すらなかったところへ、兵士の歩幅まで規制してしまうような戦法が持ち込まれたのだから当然である。「右むけ右」「前へ習え」といった今でも用いられている号令は、昔からあったものではなく、このころ、幕臣の江川坦庵《えがわたんあん》（英龍）がつくり出したものである。

それでも意識改革は、容易ではなかったらしい。戊辰《ぼしん》戦争（一八六八～六九）の記録を眺めていると、首を取った、取られたという類のことがいくらも出てくる。首など取ろうが取るまいが、戦闘の行方にはなんの関係もない。むしろ、戦闘続行の妨げになるくらいだが、それでも長い間続いた個人の功名追求の伝統は、簡単には改まらなかったのである。

マックス・ヴェーバー流にいえば、戦いのあり方を変えたのは、火薬というよりも規律であった。そういう意味では、わが国は立ち遅れていたということになるが、だからヨーロッパのほうがすぐれていたかどうかは別問題である。彼らのほうが、戦争向きの文化ないし民族性を持っていたというまでのことでしかあるまい。

鉄砲は天下統一を促進したか?

鉄砲が天下統一を促進したというのも、よく見かける主張である。それをいっている人たちは、例外なく信長を念頭に置いていて、彼は鉄砲を活用することによって、覇業を達成したとするのである。

「信長」派の人たちが判で押したようにいいたがるのは、群雄たちの中でも、信長はとりわけ大量の鉄砲を使用したということである。そういうことを始めたのは信長であるとか、それができたのは信長だけであるとか強調している人も少なくない。

それが誤りであることは、すでに触れた元亀元年の摂津野田・福島両城での戦いを見てもわかる。それ以前にも、永禄四年(一五六一)、豊後の大友宗麟《おおともそうりん》(義鎮)が、豊前門司城《ぶぜんもじじょう》を毛利氏から奪い返すため、鉄砲千二百挺を用意したというような事例もある。

これに対し、『信長公記』や信長関係のたしかな文書を見ていった限りでは、信長は、さほど大量の鉄砲を集めたことはない。もっとも大きな数値が出てくるのは長篠の戦いのときで、『信長公記』によれば別働隊に五百挺、主戦場に約千挺を配備している。ただし、前者五百は直属の鉄砲衆のものだが、後者約千には、たまたま帰属していた諸将から提供させたものが相当数含まれている。

信長が鉄砲を活用したという戦例も、長篠以外には、ほとんど見られない。逆に、天正八年（一五八〇）まで、ちょうど十年間続いた石山合戦、その支作戦である二度の紀州雑《きしゅうさい》賀《か》攻め（一五七七）では、相手方の鉄砲衆のため、しばしば苦杯を喫している。

どうしてそういうことになったのかというと、そもそも鉄砲が統一を促進する（はずだ）という前提がおかしいのである。銃器の本場であり、歴史的な状況もかなり似ていたはずのヨーロッパでも、そんな現象は起こっていない。なぜかといえば、当時の鉄砲は、戦闘（battle）のレベルまでは、なんとか左右できたとしても、戦争（war）そのものを動かせるほど強力な武器ではなかったからである。

仮に強力な武器であったとしても、それが天下統一に役立つためには、統一者側だけが大量の鉄砲を確保できるという前提条件が必要である。もし他の勢力も、これに対抗するだけの鉄砲を用意できれば、かえって割拠を容易にしてしまう。信長と、石山合戦の一方の主役ともいうべき紀州雑賀衆との間に起こったのは、そういうことであった。

ヨーロッパには、火薬が平等をもたらしたというような考え方がある。誰でも火器を手にすれば、領主たちと互角に戦えるようになったというほどの意味である。紀ノ川下流域の土豪集団にすぎない雑賀衆が、何十倍もの信長の大軍を迎え撃って負けなかったのも、まさにそれである。鉄砲の普及は、統一を促進したというよりも、かえってむずかしくしてしまったところがあった。

鉄砲は乱世を終わらせたか？

この当時の鉄砲は、攻撃用というよりも防御用の武器であった。そのため、守城戦などのほうが有効に使えたし、野戦で用いるにしても、壕、土塁、柵など野戦築城を施して使うのが理にかなったやり方であった。長篠の信長は、そうした鉄砲の特性をふまえた用い方をして成功したが、かなりの数の鉄砲を用意していたはずの武田方は、攻勢を取ったために、有効、適切に利用することができなかったようである。

というと、やはり信長は新機軸を打ち出しているのではないかといわれそうだが、実は、こうした戦法は、ヨーロッパでは長篠の七十年以上も前から出現しており、とっくに定着していた。信長はおそらく宣教師などを通じて、こうした情報を得ていたのではないかと思われる。仮に、そうではないとしても、国内でも小規模ながら同様の戦法は考え出されていて、紀州の雑賀衆などは、二十年近くも前から実行している。彼らと戦ったことのある信長が、そういうことを知らなかったはずはない。

その後も鉄砲がこうした形で使われた事例は数多くある。信長勢を迎え撃った雑賀衆も、その手を使っているし、戦国時代、最後にして最大の野戦となった関ヶ原の戦い（一六〇〇）も、基本的には、こうした形の合戦であった。

一般には、徳川家康の巧妙な作戦に引っかかった石田三成ら西軍が不利な野戦を強いられて大敗したとされているが、それは事実ではない。藤本正行氏らが指摘されているように、陣地に拠った西軍の一部が防戦すると、東軍の諸隊はにっちもさっちもいかなくなってしまった。長篠の武田勢と同じような状態に陥ってしまったわけで、あのまま推移していたら、東軍は力つきて敗走せざるをえなかったであろう。

そうした東軍の窮状を救ったのが、小早川秀秋の裏切りであったことは、よく知られているが、もう一つ、あまり知られていない要素として、毛利など西軍諸隊の戦闘不参加ということがある。これは毛利一族の吉川広家《きっかわひろいえ》の策動によるものだが、このいずれかがなければ、関ヶ原の戦いの結末は、まったく違ったものとなっていたであろう。

この戦いでは、双方とも鉄砲を主武器として戦ったが、その行方を決めたものは鉄砲ではなかった。戦術的には失敗したはずの家康は、仕掛けておいた裏切り工作がきわどいところで奏功して勝ちを拾った。相撲に負けて勝負に勝ったというところであろう。

戦国の締めくくりとなる大坂の陣（一六一四～一五）も似たようなところがある。家康は、鉄砲はもちろん多くの大砲まで用意して城を攻め立てたが、大坂城が落ちたのは鉄砲の威力によるものではなかったことは、よく知られているとおりである。

3　戦国白兵戦の背景

戦国合戦は「陣取りゲーム」

　ここまでのところを取りまとめれば、戦国時代も白兵主義時代ではなかったということである。途中、鉄砲のことに寄り道したが、それは鉄砲の普及によって、白兵主義、接戦主義、一騎打ち（独闘）主義から火兵主義、遠戦主義、集団主義に転換したというような見方があるからである。しかし、それは誤りであるし、そもそも戦国大名といわれる連中を含めて、この時代の領主たちにとって、白兵主義などというものは、望ましくもなければ、実現可能なことでもなかった。

　戦国大名というと、誰もが天下を狙って戦ったというのが常識のようになってしまった、だから天下をめざして上洛《じょうらく》しようとした今川義元が桶狭間《おけはざま》で討ち取られたなどという話が信じられてしまうと、藤本正行氏が指摘されている。

藤本氏もいわれるように、この時代の領主たちの最大公約数的な関心事といえば、自領の維持・確保と拡大ということであった。つまり土地の争奪ということが戦国合戦の根幹であった。

この当時、合戦の勝敗を判断するのに、どちらの側が最終的に「芝居《しばい》」を踏まえていたかということが、よく問題になったようである。これは損害の多少などとは関係なく、最後まで戦場を立ち退かなかったのは、どちらだったのかという意味である。戦国合戦がいわば「陣取りゲーム」であったからこそ出てきた発想といえる。

合戦の目的がそういうことであれば、自領へ侵入してきた敵は追い払えば足りるし、他領へ攻め込んだ場合には、相手を降参に追い込めば十分である。それらの場合、攻勢主義、攻撃主義をとらねばならないことはあったとしても、白兵主義を採用しなければならない必然性はない。それに当時の領主たちにとって、リスクの大きい白兵戦闘など、そうそうやっていられるものでなかったことは、くり返すまでもないことである。

もっともジェノサイド（皆殺し）思想でもあれば話は別になるが、わが国では、宗教一揆がらみの若干の事例を除いては、ほとんど見当たらない。元寇のように外国の侵略を受けた場合ですら、捕虜を無差別に斬ったわけではなく、旧南宋から来た兵士などは助命している。こういう具合だから、国内の戦いでは、ナアナア主義、マアマア主義がとかく目立ってしまうのも不思議ではない。

皆殺しなど得策ではないという事情もあった。人的資源は、味方の側だけではなく、敵側のそれも貴重である。他領に侵略して土地を押さえたとしても、そこで働く人間がいなかったらなんにもならない。また、「勝利は大軍とともにあり」で、領土拡大を図るためには、大軍を用意したほうが有利に決まっているが、そのためには降伏させた敵の士卒を自軍にくり込んでしまう必要もある。将棋とチェス（西洋将棋）の違いのようなもので、取った駒は、有効に使いましょうというわけである。

鉄砲の効用

紀州の雑賀衆《さいかしゅう》、根来衆《ねごろしゅう》は、ともに大量の鉄砲を備えていただけではなく、腕の良い射手を大勢そろえていることでも知られていた。秀吉の御《お》咄《はなし》衆《しゅう》だった大村由己《おおむらゆうこ》も、彼らは鉄砲に巧みで撃てば当たらぬということはないくらいなので、いかほど大軍が押し寄せてこようとも、先駆けの精鋭若干を撃ち倒してしまえば恐れることはないと考えていたと記している。先駆けには勇将が当てられ、その中でも勇敢な者が先に立ってくるのが普通であるから、それらを撃ち倒してしまえば、他の者は逃げ散ってしまうということだろう。

これとまったく同じようなことは、土佐（高知県）の戦国大名長宗我部元親《ちょうそかべもとちか》もいっている。彼の家では家老クラスの者まで鉄砲を撃ち習わしているので、三度戦えば、二度までは鉄砲で敵を撃ち崩して勝ちを制している、槍の柄を挙げること、つまり接戦に持ち込むことなどは稀であるというのである。

もっと極端なことをいったのは細川幽斎《ほそかわゆうさい》（藤孝）である。鉄砲衆というのは、その役割上、最前線へ出す必要があるが、彼によれば、その場合、敵から少し遠くとも木陰などに配置すべきだという。見通しの良い所へ出して敵の銃撃を受け、彼らに手負いの二、三人も出れば、それによって味方が崩れるからである。

戦国の合戦については、鉄砲足軽の銃撃に始まり、弓足軽、長柄足軽という順に戦闘に加わり、最後に士分の者の白兵戦に移ったという「常識」のようなものがある。鉄砲なんて狙撃用か白兵戦の露はらいにすぎなかったという説も、そこから出ているのだろう。しかし、実際には最初の銃撃戦でケリがついてしまうことが多かったのである。幽斎のような歴戦の人間を含めて、同時代人がそういっているのだから、ウソではないだろう。

もちろん、幽斎たちのいうようなことは、長篠以後に始まったわけではない。戦国時代を通じて遠戦用武器による受傷率がきわめて高かったこと、その率は鉄砲普及後よりも、むしろその前のほうが高かったことは、すでに説明したとおりである。

戦国時代の軍隊というのは、想像以上に惰弱なところがあったらしい。これでは戦国大名たちにしてみれば、できるだけ損害を出すのは避けたいというそもそもの願望と相まって、ますます白兵主義などは採用し難くなる。

できれば戦闘などしたくないから、政略・戦略によって勝とうとし、宣伝、説得、買収、脅迫……あらゆる手段を使って、敵を圧倒しようと試みた。やむをえず戦闘になった場合でも、野戦築城を施してみたり、裏切り工作を仕掛けたり、可能な限り楽な勝ち方を心がけた。野戦だけではなく、攻城戦なども同じことで、この時代、兵糧攻めや水攻めなどがひんぱんに見られるのも当然である。それが戦国合戦の実態であって、『甲陽軍鑑』もいうように、絵に描いたような合戦などは、めったにありはしなかったのである。

白兵戦が起きるケースとは

戦国時代、白兵主義思想は見られなかったし、白兵志向も希薄であったが、白兵戦闘は、もちろん行われていた。といっても、両軍がその気になって、正々堂々の「肉薄格闘」戦を展開するなどということが、そうそうあるはずもない。

白兵戦が行われた場合として、まず挙げられるのは、双方が予期しない形で鉢合わせしてしまったようなケースである。こうした衝突は、大小さまざまな規模で起こりえたと考えられるが、大規模なほうでは、川中島の戦いなどが、これに該当するかもしれない。あの戦いが伝えられているとおりの苛烈なものであったとしたら、双方ことに武田側の思惑に反した形で、霧の中で接触してしまった結果だったのではなかろうか。

次に考えられるのは、いずれかの側が追いつめられて、せっぱつまった状況から引き起こされる場合である。これも規模的にさまざまな事例があるだけではなく、そうなってしまった理由もさまざまである。

なんとしても敵中を突破しなければならないといったようなケースがまずある。川中島の上杉軍なども、霧の中で武田勢に行く手をふさがれる形になったから、なんとか敵の中を切り抜けて帰国の途を求めるよりほかなかったのかもしれない。

追いつめられたが、逃げ出す気も降参する気もない、あるいは逃げることも降伏することも許されないということで、白兵戦闘に打って出たというケースもある。大坂冬の陣(一六一四)のとき、城方にあって今福堤を守っていた矢野和泉守《やのいずみのかみ》(正倫)は、東軍の佐竹勢の急襲を受けて敗れ、主従三人になってしまった。覚悟を決めた彼らは、具足も捨てて身軽になると敵中に突進し、佐竹勢を二町余り(約二百メートル)も追い立てたが、結局、鉄砲で撃たれて死んだ。

こんな事例は山ほどあって、天正二年(一五七四)の伊勢長島の一向一揆と信長勢の戦いなどもそれである。このとき信長は、一揆方の降伏を受け入れたのだが、舟で退城する一揆に突然銃撃を加え、岸に逃げた者は討ち捨てさせた。一揆勢のうち、七、八百人ばかりは、とても逃れられないと見て抜刀して織田勢の中へ切り込んできた。その結果、織田一族の者だけでも大勢討死し、残る者も追い散らされた。切り込んだ連中は、無人の陣小屋に入って十分に支度をととのえ、一向宗の本山である石山めざして逃げ去ったという。

たった三人に追い散らされた今福の佐竹勢といい、刀しか持たない連中に完敗した長島の織田勢といい、なんともダラシがないという感じだが、死ぬ気でいる者と死にたくない者との差が出たということかもしれない。それにしても絶望的になった相手が白兵戦を挑んでくるだろうなどということは、彼らの想像の外だったらしいが、自分たちにはそうした感覚がなかったからなのだろうか。

最後のケースは、功名手柄を求めて、敵に接近してゆくような場合である。事例としては、これが圧倒的に多いと思われるが、一口に功名とか手柄とかいってもさまざまな類型があり、その追い求め方も含めて中身もピンからキリまである。

功名の形態として、軍学諸流などが挙げているところはきわめて多い。共通的にいわれているめぼしいものとしては、一番首を取ってくること、一番槍あるいは二番槍をつとめること、敵に押され気味のときに踏みとどまって押し返すこと、槍で戦っている者を弓・鉄砲・刀で援護すること、組打ちで敵を討ち取ること、敵の大将を討ち取ること、味方が敗れたときに殿《しんがり》（後衛部隊）をつとめること、とにかく敵の首を取ってくること、退却のときに大将を守って離れないこと、整然と退却する敵に迫ってゆくことなどがある。

一見して明らかなように、かなりの危険を伴うものが多い。一番槍とか殿とかがその典型であるが、敵とまともに渡り合うことが要求される。そのためには腕力はもちろん、それに劣らず勇気が必要であるが、双方兼ね備えた人間は、そうそういたはずがない。

仮に、そういう人間が出てきたとしても、一番槍だの殿だのを実行できるチャンスは、いつもいつもあるわけではない。しかし、功名手柄を立てたい者は、いくらもいる。というより、戦場に出るほどの者で、それを願わない者は、まずいなかったといったほうがよいだろう。腕力も勇気もない人間だって、その例外ではない。

「首取り」のための白兵戦

その結果、功名の類型の中でも「首取り」が、ことさらクローズアップされてくる。もちろん、その中身も単純ではなく、ポイントの高い首、低い首、ポイントにならない首、譴責《けんせき》されかねない首……といろいろあったが、一般論としていえば、首取り＝功名といえた。それはまた、誰でも、いつでもチャンスのある功名でもあった。

同じ功名手柄を立てるなら、できるだけ楽にやりたいのが人情である。首取りのように、誰でも手のとどくような類型となれば、なおさらのことである。

もちろん、実際には、首を取るために危険を冒した例はある。狙った首の主が戦闘力を残していたり、一族、朋輩、従者などが付いていたりすれば、激闘になることは必至だからである。しかし、戦場で取られた首の総数からすれば、そうしたケースは、きわめて少数であったろう。

首を取られる者の大半は、戦闘意欲を失って逃げ出した者や負傷して戦闘能力を失った者であった。大坂夏の陣（一六一五）に従軍した大久保彦左衛門は、「追い首」つまり戦意を失って敗走する者を討ち取った例が多かったことをいっている。城方にいた長沢九郎兵衛は、戦場で首を取られる者の八割くらいは、重傷を負って動けなくなった者のように見えたといっているし、同じく城方だった毛利安左衛門という者もよく似たことを語り残している。

それでも、こんなのはまだマシなほうだったらしい。やはり城中にいて、落城のとき東軍森忠政の陣中にいた知友を頼って助かった山口休庵《やまぐちきゅうあん》という者がいるが、東軍ではすでに死んでいる者の首まで取っていたと聞いたと、後に語っている。城から離れた所に陣取っていた大名家などは、それでも間に合わないので、町人、百姓など戦闘と無関係の者の首まで取って「帳尻合わせ」をやっていたそうだともある。

たまたま大坂夏の陣に関する証言が多く残っているし、この戦いが戦国の締めくくりとなることは誰にもわかっていたから、とりわけ首取り競争が熾烈になったことは想像に難くない。しかし、「追い首」とか死者の首を取ってくる「拾い首」とかは、この時代の他の合戦にも付きものであった。また、負傷して動けない者や戦闘員とはいえないような者の首を取るというのも、どこの戦場でも見られた光景であった。

皆殺し思想などなく、逆に敵の駒でも取ったら利用しようとしていながら、非戦闘員の首まで漁っていたとは大変な矛盾であるが、適切な答えも見当たらない。択一式の入試問題なら、どんな難問でも必ず正しい解答が一つあるが、歴史はそうはいかない。

首など取ろうが取るまいが、戦闘の行方にはほとんど関係がない。というよりも、兵士たちが首取りに熱中していると、それだけ肝心の戦闘がおろそかになる。それにもかかわらず、首取り目的以外のなにものでもないような接戦がしきりに行われた。

また、首を取ろうと思えば、逃げる敵を槍で突き倒したり、倒れた敵を仕とめたりする必要が出てくるし、首を切り取る際には、もちろん刀がなければならない。だから、そうやって槍や刀を振り回していれば、一見、白兵戦まがいの情景があちこちで繰り広げられることにもなる。

この時代に行われていた白兵戦の多くは、戦闘目的を果たすには必ずしも必要のないこうした首取り目的のものであったり、首取りのための行為が白兵戦らしく見えたりしただけのものであったはずである。

第六の問い

白兵主義の思想が生まれたのはいつか？

江戸時代

1　江戸時代の戦国合戦観

泰平の世の「合戦常識」

戦国時代までのわが国には、白兵主義といえるような傾向はない。戦いの主流は、ずっと遠戦志向で貫かれていた。明治末期の陸軍が打ち出した白兵主義の思想に通ずるような考え方が現れるのは、江戸時代以降のことである。

江戸時代といえば、「泰平」が一つのキーワード化しているような時代である。この時代の人びとは、元和元年（一六一五）の大坂落城を「元和偃武《げんなえんぶ》」（偃武＝武器を伏せる＝戦いをやめること）といっていたが、実際、そのとおりで、これ以来二百数十年、戦乱らしい戦乱を経験せずに過ごしたのである。唯一の例外といえるのは、寛永十四年（一六三七）に起きた島原・天草の乱くらいのものである。

軍事体験を持たなかった人たちが戦闘の知識を得ようとするならば、体験者の話を聞くか、紙に書かれたものを読むかのいずれかしかない。だが戦国生き残りの人びとは、やがて死に絶えてしまうから、後の時代になればなるほど、文字化されたものから知識を得るほかはなくなってくる。

戦国合戦について書かれたものとして、まず思い浮かぶのは、軍記の類である。江戸の人たちの「合戦常識」がかなりの程度、軍記類に負っていたであろうことは、想像に難くない。このほかに耳から入るものとして、軍談の講釈があり、それが後に講談となるのだが、そのベースは軍記類であるから、内容的には同じようなものである。

純然たる軍記類以外にも、戦国合戦について書かれたものは、数多くあった。この時代には、系図・系譜への関心が非常に高く、おびただしい数が編まれているが、それらの中で合戦のことに触れているケースが少なからずある。また、伝記とか家記・家伝とかの類もおびただしくつくられたが、特定の人や家の事績、功業を書きとどめるためのものであるから、合戦譚が取り上げられることが多い。このほか、地誌類などでも、合戦のことを載せている例がいくらもある。

軍記類を含め、この時代に戦国合戦について書かれたものには、ほぼ共通した特徴のようなものがある。戦争（war）と戦闘（battle）の区別がついていないこと、戦闘をとかくチャンバラの集積のように考えたがること、遠戦用の武器、ことに鉄砲の役割が軽視されていることなどである。こうしたものに慣らされた人たちが、どういう戦国合戦観を抱くようになるかは、改めて申しあげるまでもあるまい。

江戸の軍学

江戸時代人の戦国合戦観に影響を与えたものとしては、武士たちの間に広く行われた軍学（兵法）もある。軍学と名のつくものは百流派くらいあったそうだが、大きく分ければ、武田信玄の遺法を伝えたという甲州流《こうしゅうりゅう》（武田流）とそれ以外の流派となる。甲州流から出た大流派には北条流、山鹿流《やまがりゅう》があり、それ以外のほうには、上杉謙信の遺法を伝えたとする宇佐美流、要門流《ようもんりゅう》など越後流として総括されるものや長沼流、風山流、楠木流、源家古法《げんけこほう》など数々の流派がある。

軍学というのは、概して守旧的な色彩が強く、軍談に毛の生えたような戦例を掲げて能書きをいったり、オマジナイのようなことを並べ立てていたりするものも多い。中には、薩摩藩で行われた合伝流のように鉄砲主体の火兵主義を重んじ、集団戦主義を主張していたものもあるが、そういうのは例外である。

そうなると軍学もまた「我邦古来の戦闘法は……白兵主義」式発想の培養基になったのではないかと考えたくなるが、そういうわけではない。軍学には接戦をことさら奨励するような傾向はなく、むしろ、それを戒めているような傾きが強い。

たとえば、北条流では「強く弓矢を取るべしと云うは、無理に掛かりて敵を切り崩せと(いう)にはあらず、よく遠慮して少しも怪我なく、弓矢を取るべきなり」と教えている。攻勢主義、攻撃主義と接戦主義は違う、頭を使って損害の出ない方法を取れというわけである。

各流派がほぼ共通していっているのは、できるだけ戦わずに勝つことを考えろということである。これは『六韜』や『孫子』などに見られる東洋兵学の根本理念であるとともに、武田信玄、毛利元就、織田信長、豊臣秀吉、徳川家康ら代表的な戦国武将たちが、つとめて実践しようとしたところでもあった。

日本刀崇拝思想の登場

この時代に白兵主義の萌芽のようなものが現れたことを別の形で示しているのは、江戸時代の後期に向かうにつれて、日本刀崇拝(ないし信仰)思想が出てきたことだろう。もともと刀剣は、信仰の対象となったり、儀礼的用途に用いられたりと、他の武器とは少し違う扱いを受けてきたが、この頃になると武器としても比類のない存在であるかのようにたたえられるようになったのである。

それと並行するように、日本刀を操る剣術も盛んになった。次々と新しい流派が生まれ、剣術こそは武芸の代表格であるかのように見られ、ひとかどの武士であれば、これを学ばない者はいないというようなことになっていった。

日本刀崇拝の火付け役の一人は頼山陽《らいさんよう》で、「日本刀」という呼称も、彼の造語ではないが、彼が普及させたものらしい。山陽より二まわりほど若かった水戸藩士の藤田東湖《ふじたとうこ》になると、日本刀を日本精神の象徴の一つとして取り上げ、その鋭利なことは兜も断ち割れるほどだとうたっている。日本精神のほうはどうか知らないが、普通の刀で兜を切り割ることなどは、まず不可能である。

こうしたことは、戦国時代まででであったら絶対に考えられないことであった。剣術はその当時から存在したが、さして重視されていたわけではなく、そんなものは学ぶ必要がないと考えていた者が多かった。もちろん、刀で兜を切断できると真面目に信じている者などまずいなかった。武器としての日本刀の評価は、かなり低かったのである。

なぜ低かったかといえば、日本刀が意外に脆弱《ぜいじゃく》で管理のむずかしい武器であったということもあるが、要するに、他の武器にくらべて、さほど有用性を認められていなかったからである。刀で切られて負傷した者など、礫や石でやられた者よりまだ少なく、戦場での刀のもっとも大きな用途は、敵の首を切り落とすことにあった。

戦国時代の戦闘は、鉄砲や弓などを主武器として戦われていたので、戦場での刀の役割が小さかったのは当然といえる。しばしば宮本武蔵と混同される宮本一真《いっしん》という播磨生まれの剣客がいるが、「世の中に弓鉄砲のなかりせば、わが兵法（剣術）に誰か勝つべし」という、まことに正直な歌を残している。

鉄砲や弓のような飛び道具に勝てなかっただけではなく、接戦になった場合でも、刀で槍に対抗することはむずかしかった。一真はどうだったか知らないが、普通の武士には、まず無理だったといえるし、そのことを裏付けるような話は山ほどある。

そのため初期の剣術は刀の操法だけではなく、槍術、棒術、薙刀術など他の武術を組み込んでいるのが普通であった。また剣術そのものも、後世のそれとでは、構えの付け方、刀の操り方、足の運び方、狙う箇所などがことごとく違っていた。

これでは、名前は同じ「剣術」であっても、中身はほとんど別ものといえそうだが、狙いどころでいえば、甲冑の隙間とか外れとか、後世の剣術ではポイントとされないようなところばかりが目標とされていた。刀で甲冑は切れないことが自明の前提となっていたからであるが、武士たちが剣術を重視しなかったのも、一つにはそのためであった。島津家の西郷某という歴戦の武士は、習った剣術など役に立たない、戦場で切りつけられたときには鎧の胸で受けとめていたと語り残している。

宮本武蔵の不覚

こういう具合であるから、名のある剣術者で実戦の場に出た者は何人かいるものの、刀を振るってめざましい功名を立てたという類の話はまず見当たらない。その反対に、宮本武蔵ほどの剣客が島原の乱の際に思わぬ不覚を取ったという事実さえある。武蔵は豊前《ぶぜん》(現在の福岡県東部と大分県北部)の小笠原家の軍勢に加わって、一揆勢の立てこもる肥前原《はら》城《じょう》を攻めていたが、寛永十五年(一六三八)二月、本丸に乗り入ろうとして、落とされた石を脛《すね》に受け、その場にへたばってしまったのである。

武蔵に石を落としたのは、名もない農民兵だったに違いない。もしかすると、女性だった可能性すらある。まともに武蔵と立ち合っていたら、ひとたまりもなく切られてしまったような人たちだが、この場合、完敗したのは武蔵のほうであった。彼にとって幸いだったのは、落城寸前のドサクサで相手方が首など狙わなかったことであろう。通常の城攻めであったら、動けないでいるところを首を取られてしまったに違いない。

武蔵という人は、掛け値なしに達人であったし、実践性の高い剣術を追求した第一人者でもあった。その武蔵にしては、とんだ不覚といえるが、剣術というものが成り立つために想定されている暗黙の前提のようなものは、戦場では通用しないのだから、それもやむをえない。

実戦の場では、どういう状況の中で、どういう敵がどういう形で仕掛けてこようと文句をいうわけにはいかない。一人を大勢で取り巻いてかかってくるのは卑怯だとか、刀しか持たない者に鉄砲を撃ったり、石をぶつけたりするのは汚いとかいってはいられないのである。武蔵だって、石を落とした相手をルール違反だとは考えなかったに違いない。

泰平が続くうちに、こうした戦場のリアリズムは忘れられ、たまたま争闘があっても、弓鉄砲はおろか槍や薙刀さえめったに持ち出せないようになり、しかもそれを誰も怪しまないような世の中が到来した。そうなれば武器としての刀の役割が大きくなり、それを操る術が重視されたとしても不思議はないが、それもこれも泰平時の特別な状況を前提にしての話であり、前提が変われば通用するものでなかったことはいうまでもない。

2　攘夷論と結びついた白兵主義

「黒船」の脅威

江戸の泰平の中に白兵主義の下地が見出せることは事実だが、それが直ちに戦闘は白兵戦によって決せられなければならないとか、白刃を振りかざしていけば、鉄砲だろうとなんだろうと恐れるところはないといった考え方に結びついたわけではない。

そうなるのは、ロシアの南下や外国船の来航によって、対外的危機感をあおられて以後のことである。山陽や東湖に代表される日本刀賛美論にしても、平和ボケの産物といってしまえばそれまでだが、背景にはそういうことがあった。

一般的には、嘉永六年（一八五三）、ペリー提督率いるアメリカ艦隊が相模浦賀沖に現れたことによって、二百数十年に及ぶ泰平の夢が破られたと説明されている。庶民レベルでは、たしかにそうだったかもしれないが、有識者の間では、ずっと早くから外国の脅威がささやかれ、対応が論じられてきた。

ロシアの南下問題などは、松平定信《まつだいらさだのぶ》の老中在勤中（一七八七〜九三）から幕府も関心を払っており、その後、蝦夷地《えぞち》を直轄地として守備兵を置くなどの措置を講じてはいる。文化四年（一八〇七）には、ロシア船がエトロフ島に侵入してきたり、蝦夷地沿海で日本船を襲ったりする事件も起きている。

諸外国の船が来航することも、当時からしばしばあり、文化五年には、オランダ船を装ったイギリス船が長崎に入港して騒動を起こしたこともあった（フェートン号事件）。定信も、寛政三年（一七九一）頃から江戸湾防備計画を立てたりしているが、ペリー来航以前にも、弘化三年（一八四六）、同じアメリカのビッドル提督の艦隊が浦賀に現れている。

接戦なら勝てる——攘夷・白兵派の論理

こうした背景のもとで攘夷論《じょういろん》、つまり外国の勢力を寄せつけてはならないという議論が盛んになってくる。攘夷論者にも温度差はあったが、いざとなれば一戦もやむをえないと考えていた者が多かった。

それでは、どうやって戦うのかというところで、火兵派と白兵派に分かれるが、白兵派が圧倒的である。なお、非攘夷派ないし開国派もわずかながらいたが、彼らも外国の侵略を受けたら素直に手を挙げてしまえといっていたわけではない。

攘夷・白兵派の代表格としては、頼山陽がいる。彼は九州に旅行したとき、「元寇の図巻」を見た。それによると元軍がしきりに火器を用いてくるのに対して、わが方の兵士たちは、刀を振るって進んでいって制圧してしまっている。「兵の勝敗は、人に在りて器に在らず」ということがよくわかった、こちらはこちらの「長技（特技）」を恃《たの》むべきだと山陽はいう。戦争の勝ち負けは、武器の優劣で決まるわけではない、旺盛な闘争心をもって日本刀を振り回していれば、火器なんて怖くはないぞということである。

山陽よりも年長だが、同時代人の大田錦城という儒学者なども同類である。イギリスはたしかに強力だが、攻め寄せてきたら大砲で船を撃ち崩してしまえばよい、しかも、彼らは陸戦は得意ではないようだから、上陸させて平地で戦えば、日本の武士たちの「血戦《けっせん》勇《ゆう》悍《かん》」であるのにかなうはずもないと気楽なことをいっている。

有識者ではないが、浪曲や映画の「天保水滸伝《てんぽうすいこでん》」でおなじみの飯岡助五郎《いいおかのすけごろう》という人物がいる。彼は本姓を石渡といって、現在の横須賀市内で生まれたが、下総《しもうさ》飯岡（千葉県）へ流れていって、大変な顔役となった。その助五郎が異国船騒ぎがやかましくなってきた弘化三年（一八四六）に、生まれ故郷の名主に送ったという手紙がある。

それによると、私の手元には槍や剣術の免許を持った者が二十人くらいいるし、全部で百五十人くらいは動員できるから、いざというとき声をかけてくれれば、すぐに駆けつけますとある。どうやら助五郎親分、軍艦になぐり込みをかけるつもりでいたらしい。外国艦隊の来航も大利根《おおとね》河原《がわら》の出入りも、同じ次元でとらえているようなところがおかしい。

残念ながら、最近の研究によると、この手紙は偽文書の疑いが強いそうである。しかし、助五郎がいっぱしの攘夷派であったことは事実のようだから、そういうことを口にしたことがあるのだろう。根も葉もない、まったくの拵《こしら》え物でもなさそうである。

新選組の初代局長で、後に同志に暗殺された芹沢鴨《せりざわかも》は、攘夷思想のことさら盛んな水戸領の出身であった。彼は酔っ払うと「いざさらば　われも波間にこぎ出でて　あめりか船をうちや払わん」という自作の歌を手拍子をとって唄っていたという。神道無念流の師範を許された腕にものをいわせて、アメリカ兵をなで斬りにする気でいたのだろう。そういえば、鴨が暗殺される二ヵ月余り前に起きた薩英戦争（一八六三）のとき、薩摩の壮士たちが西瓜売りを装ってイギリス艦に切り込もうとしたことがある。

林子平《はやししへい》は、山陽より四十年余り早く生まれた人だが、海防の必要を説いた先駆者だけあって、さすがに頭から気楽なことはいっていない。しかし、ヨーロッパ諸国の火器や艦船が優秀であることを認めながら、結論的には、敵の大船に小舟で乗りつけていって鉤縄《かぎなわ》や鳶口《とびぐち》の類を引っかけて切り込めばよいなどと説いているのだから困る。

異国人は「血戦」に鈍いので、いろいろと奇術奇法を設けてくるが、そんなものを恐れずに、「日本人の持ち前とする血戦」を活かすため、ひたすら「切込みを第一の心がけ」とせよというのが子平の主張である。しかし、外国人は「血戦」に弱いが、日本人は強いというのは、単なる思い込みないし願望であって、別に確たる根拠があるわけではない。仮に、そうであるとしても、相手に接近するまでに優秀な火兵でやられてしまうのではないかということまでは考え及ばなかったのだろうか。

軍学者・山鹿素水の考え

山鹿素行六世の外孫で、その道統を受けつぎ、ペリー艦隊来航の四年後に死んだ山鹿《やまが》素水《そすい》という軍学者がいた。彼は家学である山鹿流軍学を学んだだけでなく、西洋式の兵学にも関心が深く、近代的な練兵思想を取り入れて、自流の脱皮を図ろうとしたりした。

そうした人だけになかなかの見識の持ち主で、旧来の軍学が等しく教えている戦闘方法、つまり鉄砲足軽、弓足軽、長柄足軽と順次くり出し、戦機が熟したと見ると士分の者たちが槍を執って突撃するというようなやり方は、外国人には通用しないといっている。

また、弘化四年(一八四七)には、鎌倉・三浦方面の沿岸防備の状況を見て歩いたが、海上を航行する船を撃とうというのに榴弾砲《りゆうだんほう》(曲射砲)の類を備えても駄目である、直撃できるカノン砲をもって船腹に撃ち当てることとしなければいけないなどと論じている。

このように火砲のことにも明るく、これからは火兵主体の時代だと認識していた素水だが、最終的には、熊手、鳶口を引っかけて、抜刀して敵船へ乗り入ろうといった類の主張になってしまう。二、三十人から五、六十人も討ち入れば、外国兵の七、八百人はなで斬りにできるだろうというに至っては、飯岡助五郎や芹沢鴨の発想と変わらない。

素水は、外国人は遠戦は得意だが、わが国のように「白刃を執《と》って戦うこと」はしないようだから、接戦に持ち込んでしまえば、こちらのものだと考えているのである。その点は、子平なども同じだが、根拠はやはり明確ではない。外国人は甲冑を着けて戦わないとか、刀剣や槍はあるが鋭利ではないとかいう程度のことである。

外国人は火兵戦を得意とし強力な火器も備えているが、接戦は不得手である、これに対し、日本人は接戦を得意とし日本刀という比類のない武器もある、だから接戦に持ち込んでしまえば勝てるというのが、攘夷・白兵派の最大公約数的な主張であったようだ。

攘夷・白兵派への批判

当時の有識者たちの名誉のためにいっておくと、誰もがそんなことを考えていたわけではない。高島秋帆《たかしましゅうはん》は、早くから西洋式の兵学の導入に努めた人で、天保十二年（一八四一）、江戸近郊の徳丸原《とくまるがはら》で洋式戦法の演練（演習・訓練）を行ったことで知られている。その後、讒訴《ざんそ》により投獄されたりしたが、ペリー艦隊の来航直後にやっと釈放された。

釈放後間もなく幕閣に上書しているが、その中で、わが国は接戦に長じているというが、相手も必ず対処の方法を講じてくるに違いない、また敵と接戦しようとしても、接近するまでに火器による損害が大きくてむずかしいだろうと論じている。命を惜しまず、死力を尽くして戦ったからといって、必ず勝てるわけではないともいっているが、これなどは攘夷・白兵派だけではなく、後の日本陸軍の主張までも見通したような批判である。

洋学者の佐久間《さくま》象山《しょうざん》も、わが国では操練ということをせずに、各個に覚えた武芸をもとにした独闘主体で戦ってきたが、そんなものは「子供いさかい」つまり子供の喧嘩みたいなものだと論じている。戦国時代までの戦い方が象山のいうような独闘主義でなかったことは、くり返しいったとおりだが、日本刀を振りかざして軍艦に切り込もうなどという主張は、象山にしてみれば、「子供いさかい」そのものであっただろう。

3 洋式戦法の受けとめ方

「三兵戦術」の導入

西洋式の軍事技術の導入は、江戸時代を通じて行われていたが、それが盛んになったのは、やはり「外圧」が意識されるようになって以後のことである。周知のとおり、この時代にヨーロッパ諸国で接触があったのはオランダだけであったから、当初は、もっぱら同国の流儀が学ばれた。高島秋帆が習得したのもオランダの砲術や操練法であった。イギリスやフランスの軍事技術が入ってくるのは、その後のことである。

この頃、ヨーロッパで普及・定着していた陸戦法は、歩兵・騎兵・砲兵の三兵種を連係させて運用するものであった。これは十七世紀にスウェーデン王グスターフ・アドルフが開拓し、十八世紀にプロシアのフリードリヒ大王が発展させ、その後、ナポレオン・ボナパルトが完成させたとされる戦法である。わが国では「三兵戦術」と呼ばれ、西洋式陸戦法の代名詞のようなものであった。

幕末、洋式戦法の移入を図った者は、当然、「三兵戦術」を念頭に置いて、操練の方法を組み立てようとした。ただ、わが国の場合、近代的な騎兵と呼べるようなものは、文久二年(一八六二)に幕府が創設を試みるまで存在しなかったから、歩兵と砲兵中心の操練にならざるをえなかった。高島秋帆が徳丸原で行った演練も、その翌年、薩摩藩が秋帆の流儀にしたがって実施した教練も、ともにそうした形で行われている。

もっとも徳丸原では、騎馬兵による馬上銃の射撃も実施されているから、秋帆もできるものなら、歩騎砲三兵種の連係プレーを実演してみたかったのであろう。しかし、戦術的単位として使えるような騎兵隊ができあがるには、なお数十年が必要であった。

ここで気になるのは、当時の日本人は、西洋式の戦法の本質をどこまで正確に受けとめていたのだろうかということである。もう少し具体的にいうと、とかく火兵主義的側面にばかり目が向けられて、白兵主義の側面は軽視されがちだったのではないだろうか。

ヨーロッパの白兵主義

もともと対外的な危機感が盛り上がるきっかけとなったのは、ヨーロッパ諸国の大艦巨砲に対する恐怖からであった。そのため、どうしても関心が大砲の製作とか操法とかに注がれやすかったのはやむをえないことである。そのためか海戦（水戦）のみならず、陸戦においても銃砲のことばかりが大きく取り上げられ、それと反比例するように、白兵のことは閑却されがちであったといえる。

たしかに近代ヨーロッパには火兵主義思想が濃厚にあり、火砲の研究なども盛んであったが、同時に、これと劣らないくらい強固な白兵主義思想も存在した。一六世紀後半に登場した近代的な騎兵隊は、当初は火器を主武器としていたのに、時代が下がるにしたがってランス（長槍）やサーベルを振るって突撃するようになった。歩兵隊もグスターフ・アドルフが「三兵戦術」を編み出したころは、銃兵と槍兵に分かれていたが、その後、銃に装着することができる銃剣が発明されて、両者が一体化した。

したがって、わが国に「三兵戦術」が紹介されたころのヨーロッパの歩兵隊は、単に密集して小銃を撃ち放つだけの存在ではなく、着剣して突撃する役割も担っていた。兵士たちが戦闘中に逃げ出そうとする素振りを見せた場合はもちろん、横隊の列の外に踏み出しただけで、背後にいる下士官に容赦なく刺し殺されたというから、統制は厳しかった。

ヨーロッパ各国の軍隊の銃剣突撃に対する依存度というか期待度は、きわめて高かった。そのことは十八世紀後半に活躍したロシアのスヴォーロフ将軍の「銃弾は馬鹿者、銃剣のみ賢者」という言葉に端的に示されている。第一次大戦（一九一四〜一八）に突入したときのフランス陸軍の教範には、「すべての攻撃の目的は、敵を壊滅せしむるために、銃剣をもってこれを圧倒するにあり」と明記されていた。この類の例証はいくらでもある。

ジョン万次郎の誤解

こうしたヨーロッパの状況が、わが国の有識者にどこまで伝わっていたかはおぼつかない。なにしろジョン万次郎こと中浜万次郎のように、何年もアメリカで教育を受けてきた人までが、アメリカでは戦闘には刀槍を使わないし訓練もしていない、平生ピストルを携行する者は多いが、刀剣を携える者などいないといっているのである。

平素、刀剣を持ち歩かないのは事実としても、戦闘に白兵を使わないというのは、彼の見誤りである。万次郎も承知していたはずのメキシコ戦争（一八四六～四八）やその後の南北戦争（一八六一～六五）では、騎兵はサーベル、歩兵は銃剣を装備していた。

万次郎は、アメリカ人は鉄砲を主武器とし、訓練にも怠りがないから、「砲戦」（銃撃戦）ではかなわないが、接戦になれば日本人一人でアメリカ人三人を相手にできるだろうともいっている。ペリー艦隊来航直後に幕府の諮問に答えたものであるから、なにか考えがあってそういったのかもしれないが、これでは攘夷・白兵派の主張と変わるところはない。

こういう状況では、攘夷派の連中が銃剣（当時の訳語では「銃槍」）に関心を払わなかったのも不思議ではない。山鹿素水や吉田松陰などのように、これを知っていた者も評価はしなかった。わが国古来の刀槍のほうがずっとすぐれているというのである。

高島秋帆やその教えを受けた江川坦庵（英龍）などは、さすがに銃剣とその効用をきちんと評価していて、銃隊の操練にも使用させている。佐久間象山なども、銃剣肯定派であった。また、後に北越戦争（一八六八）の主役となる越後長岡藩の河井継之助《かわいつぐのすけ》も銃剣を積極的に評価し、自分に剣付銃隊千人があれば、どんな堅陣でも撃ち破ってみせるという詩をつくっている。しかし、彼が行った藩の兵制改革においては、藩兵に銃剣を装備させるところまでは、徹底できなかったようである。

銃剣突撃時代のたそがれ

素水や松陰に代表される攘夷派の軍事理論家たちが「遅れていた」ことは明らかであるが、秋帆や坦庵らは「進んでいた」のかというと、それほど単純な話でもない。彼らは、ヨーロッパの歩兵のように銃剣を装備して戦闘に臨むほうが、銃と槍の双方を持たせたり、銃兵と槍兵の二兵種に分けたりするより、ずっと効率的であることはよく理解していた。しかし、銃剣突撃の時代は終わろうとしていることには気づかなかったのである。

この点は、欧米諸国の軍首脳部が第一次大戦を経験するまで理解できなかったことであるし、わが国の軍部などは、太平洋戦争（一九四一～四五）に至っても、まだ認識できなかった。だから秋帆たちがわからなかったのは当然であるが、事実は事実であり、心ある者は、かなり早い時点でそれを指摘していた。

たとえば、スイス生まれの軍人でナポレオン戦争の体験者だった軍事理論家のジョミニは、両軍がたまたま村落の中や隘路《あいろ》でぶつかったような場合を除き、銃剣で戦う光景など見たことがないと証言している。

ジョミニが活躍していたころの歩兵の主武器は前装式の燧石銃《すいせきじゅう》、つまり先込め式で燧《ひうち》石《いし》と鋼鉄をぶつけて発火させる形式の銃で、命中精度などにはかなり問題があった。それでも火兵は白兵より優位にあったといえるし、そもそも敗色濃厚になった側は、白兵戦など交える前に、さっさと退却してしまったということもあるのだろう。

後装施条銃《しじょうじゅう》つまり元込めのライフル銃が普及してくると、騎兵にしろ歩兵にしろ、白兵はとうてい火兵に敵しがたくなる。その傾向は南北戦争や普仏戦争（一八七〇～七一）ではっきりと現れた。南北戦争のとき、北軍の病院では約二五万名の負傷兵を手当てしたが、サーベルあるいは銃剣で負傷した者は、わずか九二二名にすぎなかったという。

第七の問い

幕末維新の戦いを決めた武器はなんだったのか？

1　攘夷・白兵論を打ちのめした火砲の威力

攘夷戦の失敗と白兵思想の消滅

幕末、攘夷思想とセットになった形で白兵思想（信仰？）が生まれ、多くの共鳴者が現れた。それまでのわが国では白兵主義らしきものが明確な形で唱えられたことはないから、これが最初である。

そうなると、これがそのまま明治末期に陸軍が打ち出した白兵主義につながったと考えたくなるが、そういうわけではない。攘夷派の白兵主義は、攘夷戦の失敗によって、いったん完全に消滅してしまったからである。圧倒的な火兵の差を見せつけられて、白兵派はたちまち火兵派に転向してしまった、というより転向を余儀なくされたのである。

攘夷派の白兵思想が消滅しただけではなく、当時の欧米諸国が抱いていた強い白兵志向に目が向けられることもなかった。これは一つには、攘夷戦の過程で白兵戦を交える機会がなかったからであろう。西洋式の銃剣やそれを用いる戦法は、一応は入ってきてはいるが、武芸でいえば「型」として学んだ感じで、それ以上の進展は見られない。日本人がヨーロッパ人と「肉薄格闘」を演ずる機会は、日露戦争（一九〇四）までなかった。

攘夷派を打ちのめしたもっとも早い事例としては、文化五年（一八〇八）のフェートン号事件がある。オランダ船を装ったイギリス船が長崎港に侵入してきて、当時、イギリスと敵対関係にあったオランダの商館員を人質にし、水と食料を得て退去した事件である。

このとき長崎港の警備に当たっていたのは肥前佐賀藩であったが、兵員一五〇名、大砲一一門では、四八門の大砲と乗員三五〇名を擁する軍艦には、手も足も出せなかった。この失態で藩主以下、一般領民まで謹慎させられた同藩では、一念発起して西洋式装備の導入・開発に努めるようになった。戊辰戦争時の佐賀藩が幕府・諸藩のどこも及ばない卓越した火器装備を有していたことは、よく知られている。

薩英戦争・馬関戦争の教訓

フェートン号事件は砲火を交えることなく終わったが、薩摩藩は文久三年（一八六三）、イギリス東洋艦隊の七隻の軍艦と戦う羽目になった（薩英戦争）。前年、藩主の父島津久光が江戸から帰国する途中、行列を横切ったイギリス人の一行を藩士たちが殺傷したため、賠償問題などがこじれて、ついに戦争となったものである。

新鋭の後装施条砲を含む一〇一門の大砲を揃えたイギリス艦隊に対し、薩摩側は約一〇ヵ所の砲台に八一門の大砲を配置しており、海と陸で猛烈な砲戦が展開された。人的損害などは、むしろイギリス側のほうが多いくらいだったが、薩摩側は市街や汽船を焼かれるなど物的損害が大きく、最終的には完敗に終わった。

薩摩は戦国時代から、鉄砲は足軽の扱うものといった偏見を持たなかったお国柄であり、洋式銃の導入も早くから行っていた。一時、これを排斥したこともあったが、この敗戦を契機に再び洋式装備に転換した。戊辰戦争のときには、最新式の連発銃なども装備して奥羽越列藩同盟の諸藩と戦っている。

長州藩は攘夷の実践にもっとも熱心だった藩で、文久三年中から、しばしば馬関《ばかん》（下関）海峡を通過する外国船に砲撃を加えた。その間、反撃を受けて陸戦隊に村を焼かれたようなこともあったが、翌元治元年にはイギリス、フランス、アメリカ、オランダ四ヵ国の連合艦隊が来襲する始末となった。

連合艦隊は武装商船などを含めて一七隻、大砲約三〇〇門、その中には薩英戦争で用いられたのと同じ後装施条砲も含まれていた。迎え撃った長州側は一四ヵ所の砲台に一一七門の大砲を配置していた。一説には、一五〇門くらいはあったろうともいう。それらの中

長州の砲台を占領した外国軍（馬関戦争）

には若干の新鋭の前装砲も含まれていた。

　四日間にわたる戦いで、戦死者は連合軍側一二名、長州側一八名であるから、それだけ見れば拮抗した勝負だったようだが、内容的には、長州の完敗であった。連合軍は歩兵、陸戦隊を上陸させて長州の諸砲台を占領し、備砲のほとんどを破壊したり、持ち去ったりした。その際、長州兵と上陸してきた連合軍との間に戦闘が行われているが、もっぱら銃撃戦に終始したようであり、白兵戦闘の形跡は見当たらない。

　実は長州藩では、かねてから独自の陸戦法を模索しており、文化十三年（一八一六）には演習も行っている。その戦法は「神器陣《しんきじん》」と名づけられ、車台に載せた大筒《おおづつ》（大砲）の左右に火縄銃を配し、大小砲の乱射で敵が動揺したところを見すまして、硝煙の中から背後に備えた刀槍部隊が突っ込んでゆけば、どんな強敵でも打ち破れるというものであった。

これとよく似た陸戦法は、後に山鹿素水も提案している。素水は野戦砲を先頭に立てて、間断なく大小砲を撃ち放し、相手の手元に付け入ってしまえば必勝疑いなしと主張したが、長州人は、それほど単純には考えなかったらしい。攘夷戦に先立って「神器陣」は廃止され、兵制改革が行われているが、いずれにしてもその効果はなかった。

攘夷戦の失敗で目ざめた長州藩は、多数の前装施条銃を含む洋式銃を大量に買い入れ、軍の編制も銃隊中心に改めた。その結果、慶応二年（一八六六）に幕府の征討軍と戦ったときには、幕府側の諸藩とはかなりの隔たりがあった。

火力のギャップ

攘夷戦の失敗はすべて相手の大艦巨砲に対抗できなかったことによるものであって、陸戦での敗北によるものではない。長州藩の場合には、連合軍の上陸を許したが、陸戦で敗れたというよりも、艦載砲に圧倒された結果の敗戦であったことはいうまでもない。

それにもかかわらず敗れた側は、海戦のみならず陸戦においても外国の火兵主義には、とても太刀打ちできないという印象を強くしたようである。山鹿素水の例でもわかるように、攘夷派はもともとヨーロッパの軍隊の長所は火兵主義にあると見ていた。ただ、それは白兵主義で立ち向かえば、十分付け入る隙のある程度のものだとも考えていた。しかし、実際に艦載砲の砲火を浴びてみると、そんな生易しいものではないことが実感され、それが海戦（水戦）のみならず、陸戦についての幻想も吹きとばしてしまったらしい。

その結果、どのような現象が生じたかといえば、海上については洋式砲を積んだ洋式の軍艦の導入であり、陸上については洋式銃とそれを用いた戦術の導入であった。一言でいえば、かりそめの白兵主義は放棄され、火兵主義への転換が行われたということである。この時点でのわが国とヨーロッパ諸国との間には、著しい軍事技術の格差があったことはいうまでもない。船についていえば、当時のわが国には軍艦といえるようなものはもちろん、来航する外国船に匹敵するような大船もなかった。いわんや鉄張りの船だの蒸気船だのというのは、この時代の人びとにとって想像外の存在であった。

大砲や鉄砲についても、同じような問題があった。鉄砲の場合でいえば、前装滑腔式の火縄銃つまり先込めで筒の内部がつるつるの、火縄で点火する形式のものが、戦国以来ずっと用いられ続けた。その間に海の向こうでは、まず発火装置が火縄式から燧石式、さらに雷管式へと変わり、銃の形式も短期間に前装滑腔式、前装施条式、後装施条式という具合に改良された。その一方、薬莢《やっきょう》の開発も進み、一八六〇年代中には金属製薬莢を用いる後装施条銃つまり元込めのライフル銃が軍用銃の主流となった。

こうしたことは大変なギャップといえるが、別に江戸時代の人が怠惰であったとか無能であったとかいうことではない。船の場合についていえば、幕府が外洋航海の可能な大船をつくらせないように、規模や構造をきびしく規制していたのである。

銃砲についても、やや似たような状況はあったが、一般に信じられているほど厳格な統制がしかれていたという事実はない。諸藩はだいたいにおいて、軍役として定められた以上の量を保有していたし、民間にもたくさんの鉄砲があった。砲術、火術の流派も今日確認できるものだけで四百を越えている。銃砲の必要を感じさせないほど世の中が平穏であったから、存在意義がかすんでいただけのことである。

後発組の利点

戊辰戦争が白兵主義から火兵主義への転換期であったとする大山柏氏は、わが国は二百年のハンディキャップを駆け足で追いつかねばならなかったと記されている。戦国時代までは白兵主義の時代であったとすることの当否はともかく、近代的あるいはヨーロッパ的な火兵主義への道のりは、一見たしかにきわめて遠いものであった。

しかし容易ならざる長い行程は、かなりの程度まで近道が可能なものでもあった。欧米諸国は新しい軍事技術の開発のために、大変な時間と手間をかけて試行錯誤をくり返さねばならなかったが、後発組は回り道をせずに、結果だけを頂戴できたからである。薩英戦争のとき、イギリス艦隊の大砲一〇一門の中には新鋭の後装施条砲一四門が含まれていた。これは薩摩側が主体としたオランダ式の技術でつくられた青銅砲に比べれば射程もはるかに長く、なによりも当日の悪天候の中では、格段に操作が楽であった。

実際、これらの後装施条砲は大活躍し、この違いが勝敗を分けたともいえる。だが、このときイギリス艦が後装施条砲を積んでいたのは、まったくの偶然であった。世界史上、後装施条の艦載砲が実戦に用いられたのは、この戦争が最初であって、いわば実験的に搭載されていたようなものであった。その証拠に、数年後には陸軍も海軍も後装砲の使用を取りやめ、すべて前装砲(先込め砲)に逆戻りさせているのである。

もしイギリス艦隊が従来どおり前装砲だけを積んでいたとしたら、薩摩側の装備と大差はなく、荒天の中での勝敗の行方は微妙なことになったであろう。なおイギリス海軍は、一八八一年から、再び後装砲装備に戻すが、その時点なら、わが国も同じスタートラインから始めることが可能であっただろう。

軍艦についても似たようなことがいえる。欧米で装甲艦が登場するのは、ペリー艦隊の来航と同じ一八五三年のことであった。したがって、ペリーが率いてきた四隻もすべて木造艦であった。またペリーは「蒸気海軍の父」と呼ばれた男だが、それでも四隻のうち二隻は蒸気機関と帆装の併用、二隻はまったくの帆船であった。つまり、わが国は欧米諸国で長く続いた木造帆装の軍艦の時代をほとんど通過することなしに、蒸気機関を備えた装甲軍艦の時代に入ることができたのである。

鉄砲についても同様である。後に触れるように、戊辰戦争のころには、実にさまざまな種類の鉄砲が入ってきたが、こちらにその気があれば、最新鋭の後装施条銃で銃隊を編制することも可能であった。現に佐賀藩などは、それを実行している。

主たる武器が変われば、戦法にも影響が生ずるのが普通であるから、最初から新鋭の武器を装備してしまえば、かえって過去の戦法にとらわれることがなくて好都合ということもある。欧米の海軍は、木造帆装時代の影響がいつまでも残ったが、わが国の海軍は、そういう経験がほとんどなかったので、最初から装甲蒸気艦の戦法に順応している。

前装滑腔銃と後装施条銃の関係も同じである。火縄銃に代わった燧石銃は、利点もあったが命中精度が悪いといった短所もあった。そのため銃兵は密集して照準もつけずにひたすら前方を射撃するという没個性的な戦法が発達した。ところが射程、命中精度ともにすぐれた後装施条銃が普及してくると、兵士は散開して各個に戦うほうが有利となった。軍隊が集団として戦うことと密集して戦うこととは、必ずしもイコールではなくなった。

わが国でも銃兵はかなり集団的に使用されていたが、火縄銃の性質上、極端な密集隊形を取ることはできなかった。また、個々人が功名を追求する関係もあって、射撃の基本は「狙撃」であった。燧石銃時代の戦法がバイパスされたことは、新鋭銃をもって従来の戦法を復習したようなものだったのかもしれない。

2　火兵主義で戦われた幕末維新の動乱

洋式銃の大量輸入

わが国では、火縄銃の時代からもともと火兵依存の傾向が強かった。そのことは、戦国時代後期の鉄砲による受傷率や銃兵の比率の高さを見てもわかる。しかし、それはまだ火兵主義といえるほどのものではなく、白兵志向よりも遠戦志向のほうがはるかに強いということを示すにとどまっていた。ところが幕末には、おびただしい洋式銃が導入され、それによって掛け値なしの火兵主義時代が始まった。

どのくらいの洋式銃が輸入されたかは正確にはわからないが、洞富雄《ほらとみお》氏は安政二年（一八五五）から明治二年（一八六九）の間に、少なくとも七十数万挺にのぼっただろうと計算されている。それらの中身は、火縄銃に毛が生えた程度の前装滑腔式の燧石銃から、最新の後装施条式の連発銃まで、実にさまざまであった。これらに加えて、従来からの和銃（火縄銃）も大量に投入されたのだから、一挙に火兵主義時代が到来したのも当然である。

これらの洋式銃を採用したのは幕府と諸藩であるが、戦国時代の鉄砲の導入と同様、地域によってかなりの遅速があった。必ずしも、攘夷戦の経験の有無とは関係ないかもしれないが、一般的にいって西が早く東が遅いという傾向が目立っている。また、新式の後装施条銃なども西日本の諸藩に多く、東日本には少なかった。

幕末の内戦

幕末の内戦は、薩英戦争と同じ文久三年（一八六三）の天誅組《てんちゆうぐみ》の乱あたりから始まっている。この乱は、別に白兵主義で戦われたわけではないが、近代的な火兵主義傾向を示したものでもない。まあ、戦国合戦の延長といったところかもしれない。

挙兵した尊王攘夷派も討伐に当たった諸藩も、火縄銃のほかに、当時、ゲベール銃と呼ばれていた前装滑腔式の燧石銃を若干用意したようであるが、銃撃戦といえるほどのものはなかった。なにしろ双方に甲冑を着けて参戦した者がかなりいたのだから、戦闘の状況は推して知るべしである。

翌元治元年（一八六四）には、長州藩兵に尊攘派の浪士らが加わって京都御所に迫ろうとした禁門《きんもん》の変（蛤御門《はまぐりごもん》の変）があった。関係者の見聞によると、長州側は甲冑や鎖帷子《くさりかたびら》を着けた者、烏帽子《えぼし》・直垂《ひたたれ》あるいは筒袖《つつそで》・陣羽織《じんばおり》という出で立ちの者という具合に軍装もまちまちであったし、携えた武器も鉄砲、弓矢、槍、薙刀とバラバラであった。

迎え撃った幕府や諸藩の側も似たようなものであった。当時、御所警備の最高責任者であった徳川慶喜《とくがわよしのぶ》の部下たちを見ても、甲冑あるいは小具足《こぐそく》に陣羽織とか、陣羽織に伊賀《いが》袴《ばかま》・烏帽子とか、鉢巻に襷《たすき》がけとか実に雑多で、隊長格の者は、母衣《ほろ》までかけていた。これは鎧の背に垂らす装飾の布で、通常竹骨を入れて籠《かご》状としており、戦国の合戦図などによく描かれている。まさに戦国武者の再来である。さすがに武器としては、鉄砲（小筒・手筒）がかなりあったが、槍を携えた者も多かった。これでは本格的な火兵戦など展開されるはずもない。

火兵主義時代の幕開き——長州征討戦

火兵主義時代の到来が明確に認識されたのは、慶応二年（一八六六）の長州征討からである。攘夷戦の失敗で目ざめた長州側は、軍隊の編制装備を一新しており、近江彦根藩家老の岡本黄石《こうせき》が後に勝海舟に語ったように「尻を端折《はしょ》って身軽に出で立ち、紙屑拾《かみくずひろ》いか何ぞのような風で」軽快に進退した。もちろん主武器は鉄砲で、前装施条銃が多数あった。

征討軍側も幕府直属の歩兵隊や紀州藩兵の一部は、同じように前装施条銃を装備し、洋式訓練を受けていたが、残る大多数は旧態依然たるものであった。先鋒となった彦根藩、越後高田藩などにしても、若干の洋式銃砲は備えていたようだが、甲冑を着けたり、烏帽子に陣羽織といった軍装の者が多く、法螺貝《ほらがい》や陣太鼓の合図で進退した。これでは勝負になるはずもなく、銃撃を受けると、たちまち総崩れとなった。

このとき参戦した紀州藩では、幕閣に対して、征討軍の諸藩には銃隊が少なく、しかも火縄銃主体であるからどうにもならない、幕府軍を歩騎砲の三兵に編制して派遣してほしいと申し入れた。「三兵戦術」の実現を求めたわけであるが、紀州藩自体も全藩兵を銃兵中心の十二大隊に編制し直した。長州兵との戦闘は、すべて「砲戦」（銃撃戦）に終始し、刀槍による「接戦法」などは、まったく役に立たないことがわかったからである。

紀州藩士と同じ認識を共有することになったのは、明治元年（一八六八）の鳥羽・伏見の戦いを経験した新選組の副長土方歳三《ひじかたとしぞう》である。全員和装でろくに鉄砲を持たずに参戦した新選組は、この戦いで三〇名前後の戦死者と約五〇名の重軽傷者を出したといわれる。チヤンバラのプロである彼らも洋式銃の前には散々であった。江戸に引き揚げてきた土方は、この戦いのことを聞かれて「どうも戦争というものは、もう槍なんかでは駄目です。鉄砲にはかないません」と屈託のない笑顔で答えたという。

槍で駄目だということは、新選組の面々が誇った剣術など、なおさら役に立たないということである。それをはっきり悟ったから、土方もかえって屈託のない心境になったのだろう。その後、洋式戦法を学んだ土方は、翌年の函館戦争では巧みに銃兵を指揮して戦ったが、最後の段階で自らも銃撃を受けて戦死した。

「器械戦争」――勝敗を決するのは勇気よりも優れた銃

新政府軍と旧幕府側勢力が戦った戊辰戦争は、その後、江戸を含む関東各地や東北、信越……と舞台を広げてゆくが、これからの戦いは鉄砲が主役だという紀州藩士や土方歳三の認識をくつがえすに足るような局面を生ずることは、ついになかった。洋式銃の導入とそれを用いた戦闘の状況については、これ以上立ち入らないが、この戦争によって、本格的な火兵主義時代が始まったことは、すでにいったとおりである。

もちろん、あえて火力に逆らおうとした人たちもいた。たとえば、会津や二本松の藩兵などは、しばしば白兵を振るって接戦を挑んだが、劣勢を挽回することはできなかった。

十数年前に高島秋帆が予見したように、命を捨ててかかっていったからといって、必ず勝てるという保証などありはしない。むしろ、軍事史家のウィントリンガムがいっている「勇気は優秀な武器の前には常に無効である」というほうが正しいだろう。

もっとも、会津藩士たちは、かつての攘夷・白兵派や昭和の軍部のように白兵主義に対する幻想を抱いていたわけではない。後に会津人の編纂した戦史に「銃乏しきため、多くは槍を執《と》って敵中を馳突《ちとつ》し、飛丸《ひがん》のために斃《たお》るる者累々《るいるい》たり」とあるように、鉄砲が不足していたために、そうせざるをえなかったのである。もっとも、火縄銃などは相当数あったのだから、野戦で動きながら操作できる後装銃がろくになかったということであろう。

旧幕府側に立った奥羽越列藩同盟の諸藩がすべてこういう状況だったわけではない。軍事総督河井継之助に率いられた越後長岡藩などは、小藩にしては過大なくらいの火器を装備していたため、新政府軍はあわや形勢を逆転されかねないところまで追い込まれた。

出羽庄内藩なども比較的装備が良く、士気も高かったため、自領にほとんど新政府軍を踏み込ませず、逆に新政府側に付いた秋田藩領の三分の一を占領している。だが、その庄内藩も最新の装備を整えてきた佐賀藩との戦闘では、どうも分が悪かった。佐賀人は、「施条銃と銅管仕込みの弾薬（金属薬莢）」が勝敗を決めたこの戦争を「器械戦争」といっているが、火兵主義時代の本質を的確に衝いた表現である。

3　士族反乱を制圧した火力

佐賀の乱――士族対政府軍の戦い

戊辰戦争を一言で説明すれば、洋式銃の質と量にまさる側が劣る側を打ち負かしたということである。この構図は、明治十年（一八七七）の西南戦争で頂点に達する一連の士族反乱についても、まったく変わらない。

士族反乱の範疇に入る事件はいくつもあるが、大きなものとしては、まず明治七年（一八七四）の佐賀の乱がある。これは、いわゆる征韓論論争に敗れて帰国した江藤新平らを擁して、同地の不平士族たちが決起したものである。佐賀士族らは、いったん政府軍を追い払って佐賀の地を制圧したものの、彼らに続いて立ち上がる士族団もなく、各地からやってきた政府軍のために鎮圧されてしまった。

士族反乱というと、なぜか守旧的な士族たちが日本刀を振りかざして正規軍の火器に立ち向かっていったような思い込みが強いが、これはまったくの誤解である。おそらく、この思い込みは、後に述べる熊本神風連《しんぷうれん》の行動や西南戦争における薩軍・官軍双方の抜刀隊の活動から生まれたものであろう。しかし、それらは例外的な話を一般化したものであって、士族反乱も基本的には、戊辰戦争同様、火兵主義で戦われたのが実態である。

この佐賀の乱について両軍の装備を見ると、士族軍参加者は、武器弾薬は自弁とされていたが、鉄砲は各家に一挺や二挺はあったというから、一人一銃は携えていたようである。弾薬も三〇万発以上費消したと見られているから、かなり潤沢であった。問題は、後装施条の新鋭銃から戊辰戦争にも使わなかった火縄銃まで、内訳が雑多であったことで、場面によっては、政府軍の射程の長い後装施条銃に圧倒されることもあった。

士族軍は大砲も備えていたが、佐賀城に拠る鎮台兵《ちんだいへい》（守備隊）との戦いでは、相手方に大砲がなかったため、それが大いにものをいったらしい。攻めつけられた鎮台兵は、やむをえず脱出を図ったが、地理を心得た士族軍のために、かなりの損害を出した。

士族軍は一万一八二〇名に及んだというが、参加した人の回顧談によると、二十歳代の書生が多く、銃隊訓練くらいは一とおり受けていたものの、実戦経験は乏しかった。彼らは洋服まがいの木綿の軍衣に鉢巻、草鞋《わらじ》ばきという出で立ちで、刀を一本だけ差していた。ただし、斬り合いなどはあまり見られず、ほとんど銃撃戦に終始したということであるから、刀を役立てる機会などはなかったであろう。

一方、政府軍側は参戦者五四五六名で、直接戦闘に加わったのは、その半数ほどであったが、前装施条銃と後装施条銃を主武器としていた。費消された弾丸の数から察すると、後者のほうが多かったようであるが、いずれにせよすべて施条銃であるから、全体としては士族軍より強力であったことは間違いない。討伐に出てきた政府軍部隊は、山砲《さんぽう》（山地で使用する分解できる大砲）も用意しており、榴弾《りゅうだん》と霰弾《さんだん》を撃っている。費消した弾丸は、小銃が総計二六万八二三五発、大砲が榴弾、霰弾合わせて四〇五発である。

最終的な損害は、政府軍の戦死者一八四名、負傷者一七四名に対し、士族軍側は戦死者一七二名、自殺者一名、負傷者不明となっている。ほとんど銃撃戦に終始したとすれば、これらの犠牲者の大部分は、銃弾によるものだったといえる。単純計算すれば、敵一人を倒すために政府軍は約一五六〇発、士族軍は約一六三〇発費やしたことになる。

一人の敵を撃ち倒すのに要する弾数は、時代とともに増えてゆく傾向にある。一六一八年から二二年のボヘミア戦役で三三発、一八七〇年から七一年の普仏戦争で約三五〇発、一九〇四年から〇五年の日露戦争で日本軍四五七発、ロシア軍一一八〇発という具合であるが、それらと比べても、この佐賀の乱の数値は大きい。やはり、これは佐賀人が戊辰戦争を指していったのと同じく、「器械戦争」と呼ぶべきものであろう。

特異な士族反乱——白兵だけで戦った神風連

士族反乱＝白兵主義といった印象を人びとに植え付けるのに大きな役割を果たしたのが、明治九年（一八七六）に起きた神風連の乱である。

この乱の主体となったのは旧熊本藩の士族たちで、敬神を第一義としたところから、敬神党とか神風連とか呼ばれた。国粋主義的集団であったが、単純な復古思想、排外思想を抱いていたわけではないし、対外膨張論を唱えていたわけでもない。

彼らの決起に続いて旧筑前秋月藩《あきづきはん》による秋月の乱、旧長州藩士による萩《はぎ》の乱が起こっているが、これは偶然ではなく相互に関連していたのである。これらのうち参加者は熊本が一七〇余りでもっとも少ないし、決起から鎮圧に至るまでの時間も、わずか一昼夜ともっとも短い。それにもかかわらず、とかく熊本ばかりが取り上げられるのは、反乱の態様があまりに特異だったからである。

神風連は決起するに当たって、あえて火器の使用を排し、白兵のみを用いることとした。もっとも、事前の協議においては、銃器を用いてはどうかという提案もなされているから、それがどこまで信念的なものだったのかは疑わしいが、とにかく放火用の焼玉以外には、刀、槍、薙刀の類のみで立ち上がったのである。全員が和装で、甲冑を着けた者、烏帽子・直垂姿の者などもいた。

彼らは何隊かに分かれて熊本鎮台司令長官、熊本県令（知事）らを襲うとともに、旧城内にあった砲兵営、歩兵営に火を放って乱入した。その結果、鎮台側では一一五名の戦死者と二〇〇名余りの負傷者を出したが、ほかに司令長官、県令を含む八名が殺され、七名が負傷した。特異とすべきは、これらのうち営内で焼死した三三名を除く残りの死傷者が、すべて白兵によって殺傷されていることである。

その後、鎮台兵の反撃を受けた神風連側は、首領、副首領を含む二八名が戦死、八六名が自決、三名が刑死という結果となったが、戦死者のほとんどは小銃で撃たれたものである。自決者の中にも、銃弾で重傷を負った者が何人か含まれている。

一方がもっぱら白兵を振るい、他方がほとんど火器のみで対抗するといった構図は、他の士族反乱には見られない特殊なものである。さきに述べた佐賀の乱は、双方、多くの銃器を持ち出しての火兵戦であった。萩の士族たちも相応に火器を集めて用いている。秋月士族は、やや刀槍に依存したようなところがあるが、これは官憲の監視などのため、十分な銃器を集められなかったからである。

また神風連以外の士族団は、多かれ少なかれ政治的な動機、目的をもって立ち上がっているが、この集団のみは、事を決するのに人智によって判断すべきではないといって、決起の際も神慮をうかがって決定している。

こうした集団が引き起こした神風連の乱というのは、士族反乱の中でもきわめて特殊な事例なのであって、そこから他を推しはかってはならないのである。

西南戦争——薩軍を圧倒した政府軍の火力

最終にして最大の士族反乱となったのが、明治十年（一八七七）の西南戦争である。西郷隆盛を擁した旧薩摩士族を中心に九州各地の旧士族団が加わり、約三万名が参加した。これに対し、政府側は陸軍五万八五五八名、海軍二二八〇名を動員した。なお、薩軍側は、まったく艦船を持っていなかった。

薩軍は、まず鎮台のある熊本城を抜こうとしたが失敗し、押さえの兵を置いて北上し、南下してくる政府軍と各地で戦った。有名な田原坂《たばるざか》の戦いも、この間に行われたものである。政府軍は田原坂の突破を図る一方、海軍力を利用して薩軍の背後に別働隊を上陸させた。熊本を捨てて退却せざるをえなくなった薩軍は、その後も豊後、日向などの各地を転戦したが次第に追い詰められ、最後は鹿児島の城山《しろやま》に拠って、西郷以下全滅した。

この戦争は、田原坂における両軍の抜刀隊の活躍が喧伝されたため、白兵戦闘が勝敗を決めたかのような印象で見ている人が多い。また、薩軍の白兵主義に対して、政府軍は火兵主義で戦ったと考えている人も少なくないようだが、いずれも誤解である。本質は、火兵対火兵の争いであり、その質と量がまさっていた側が劣っていた側を圧倒したという意味では、戊辰戦争や他の士族反乱と異なるものではなかった。

まず政府軍であるが、小銃四万五二八一挺、拳銃四四〇挺、大砲一〇九門を使用した。小銃は一二種類あり、すべて施条銃であったとみられるが、前装式が五四パーセントを占めている。大砲も一二種類あって、四〇パーセント強は青銅製・前装式の四斤山砲《きんさんぽう》（四ポンド砲弾を使う小型砲）であったが、クルップ社製の後装式野砲なども相当数含まれている。

用意された弾薬類も膨大なもので、小銃弾、拳銃弾合わせて六三三二万発余り、機関砲弾を含む大砲弾が一〇万八千発余りとなっている。小銃弾の五五パーセント近くが前装施条銃用であり、大砲弾の六二パーセント強が四斤山砲用である。

これらは、政府軍が砲兵廠から受領した数であるが、実際に田原坂の戦いでは、一日平均三二万二一五〇発が費消され、その後の戦闘でも一日に五二万九二〇〇発が使われた例がある。これでは、とうてい国内だけの生産で追いつくはずもなく、政府は製造能力の向上を図る一方で、海外から買いつけるなどして急場をしのいだ。文字どおり、金に糸目をつけずに火兵戦を挑んでいった感がある。

薩軍側の状況は正確にはわからないが、その主体となった薩摩の私学校党《しがっこうとう》は、一人一銃主義で編制されていたので、それだけでも約一万三千挺となる。前装施条銃が多かったようであるが、三割くらいは後装施条銃で、連発銃もかなり含まれていた。弾丸は、当初、各自が三〇〇発ずつ携行した。大砲も相当数持っており、後に政府軍に鹵獲《ろかく》されたものだけでも八三門に及んでいる。その中には四斤山砲二三門が含まれている。

弾薬補給力の差

これでは熊本城の攻防を含む緒戦の段階から激しい銃撃の応酬が見られたのは当然であるが、時間の経過とともに補給力の違いが顕著になってくる。一人一銃主義の薩摩士族たちも予備の銃は持たなかったし、弾薬も当初携行した分を撃ち尽くしてしまうと、次第に補給に苦しむこととなった。ことに鹿児島の武器・弾薬製造所を政府側に破壊され、隠匿してあった火薬・弾丸をすべて押収されたことが大きく響いた。

主力の薩摩勢がこういう具合だったのだから、西郷に呼応して参戦した党薩諸隊と呼ばれる各地の士族団などは、なおさら大変だったであろう。熊本士族の例などを見ても、彼らは最初から銃器・弾薬の調達に苦労しているのである。

政府軍が薩軍から鹵獲した小銃のリストを見ると、火縄銃が千挺以上あるし、前装滑腔式の燧石銃も若干ある。これらは戊辰戦争のときですら使用しなかったものであるから、苦しまぎれにかき集めてきたに違いない。薩軍がいかに小銃に執着したかを物語るものであるが、しまいにはそれでも追いつかなくなり、刀しか持たない者が増えていった。

弾薬の補給は、それ以上に難題で、現地に製造所を設けたが、生産が追いつかないだけではなく、それ以上に原材料の入手に苦しんだ。政府軍の弾丸を拾わせて鋳直したり、地域によっては民家から徴収した錫の器具や鉄鍋・鉄釜を鋳つぶしたりしている。どうにもならずに石を込めて撃った例まであったという。

薩軍抜刀隊の真実

一般に誤解されている薩軍の「白兵主義」も、そうした背景から考えなければならない。彼らが田原坂などで、しばしば抜刀突撃を試みたのは事実であるが、それはせっぱつまって、それ以外に方法がなかったからである。追い詰められた側がやむをえず接戦を挑んだ例は、戦国時代にもいくらもあった。戊辰戦争の際の会津や二本松の藩兵にしても、火器装備の不足から刀槍に依存せざるをえなかったことは、すでに見たとおりである。

薩軍の抜刀突撃がかなりの程度まで奏功したのは、一つには、政府軍としては、相手はそこまではやるまいと考えていたため、意表をつかれたからであろう。さらには田原坂のような複雑な地形の中では、薩軍は硝煙に隠れ、霧や夜闇にまぎれ、樹木や地物を利用して、火力の妨害を受けずに敵に接近することができたからである。

田原坂の戦い（「田原坂激戦之図」より）

政府軍はこれに対抗するため、射撃の名手を選んで別働狙撃隊を組織したり、警察官となった旧士族で剣技にすぐれた者を集めて抜刀隊をつくったりした。これらは、いずれも相当の効果をあげたが、最終的な決め手となったのは、鎮台兵に銃剣の使い方をマスターさせたことであった。

それは、抜刀して突撃してくる薩軍に対し大勢が隊列を組んで構え、至近距離で一斉に発砲した後、一人の敵に対して何人がかりかで銃剣で突きたてる方法であった。これが定着するにつれて薩軍の抜刀突撃も次第に威力を失うことになった。

たしかにこれは、形の上では白兵対白兵でケリをつけたようなものだが、政府軍は小銃弾の費消状況から見てもわかるように、徹底した火兵主義を採っていた。そのうえで銃剣を攻撃的にではなく、防御的に用いたのである。

4　明治陸軍の建軍思想

火兵主義の採用

西南戦争の戦例を見てもわかるように、初期の陸軍は、明らかに火兵主義に立脚していた。少なくとも、白兵主義を高唱した日露戦争後の陸軍のような態度とは、まったく無縁であった。

砲兵士官としてフィリピンで戦った山本七平氏は、司馬遼太郎氏との対談で、西南戦争と太平洋戦争の酷似を指摘されていた。石を拾って火縄銃に込めて撃ったり、抜刀隊をつくって斬りこんだりしたあげく、山中を彷徨《ほうこう》して全滅してしまう薩軍は、フィリピンの日本軍の最期とそっくりであり、物量にものをいわせて火力で敵を追い詰めていった政府軍は、アメリカ軍そのままだというのである。

初期の陸軍が火兵主義を採用したことについては、さまざまな理由が想像できる。有史以来、ずっと遠戦志向でやってきた「血」がよみがえったのかもしれないし、山本・司馬対談でいわれているように、建軍に関わった人たちが徴募兵が弱兵であることを認識していたからかもしれない。もっとも、この二つは相互に関わり合っている。司馬氏もいうように、源平合戦の昔から兵士は簡単に逃げ散った。遠戦志向が旺盛だったのも、一つには身をかばいたい人間が圧倒的に多かったからである。

しかし、もっとも大きいのは、モデルとしたヨーロッパ諸国の軍隊のあり方を見誤ったからではないかと思われる。前に触れたようにヨーロッパ諸国では、火兵主義と並行して白兵主義も強固であった。しかし、幕末の攘夷派はもちろん、洋学を学んだ人、洋式兵学の導入を図った人たちまでも、この点を見誤ったようである。明治の建軍に当たった人びとも、おそらく同様だったのであろう。

しかし、太平洋戦争でわが国と対照的な戦い方をしたアメリカも、南北戦争（一八六一～六五）においては、南北両軍とも概して攻撃偏重の傾向が強く、しきりに銃剣突撃などを仕掛けたことは、明らかな事実である。

南北戦争の教訓

もっとも、それがほとんど効果を挙げなかったことは、北軍負傷者約二五万名のうちサーベル、銃剣によるものは千名にも満たなかったという、さきに紹介した数字が雄弁に物語っている。これと符節を合わせるように、南軍の将軍ゴードンも、銃剣が武器として本来の用途に用いられたのは、ごく例外的な場合だけであって、銃剣の時代は終わったのだと回想録に記している。

白兵主義に引導《いんどう》を渡したのは、後装施条銃であった。歩兵、騎兵を問わず、白兵を振って突撃していっても、射程が長く、命中精度の良い後装施条銃で撃ちまくられると、敵に接触することもできずに撃ち倒されてしまうようになったのである。それが明確になったのは、ヨーロッパでは普仏戦争（一八七〇〜七一）、アメリカでは、それに先立つ南北戦争であったことは、すでに触れた。

イギリス生まれの著名なジャーナリスト、アリステア・クックは、米・英・仏の士官学校で南北戦争の教訓をきちんと勉強していれば、遅くとも第一次世界大戦が始まったときまでには、騎兵隊の突撃や歩兵の銃剣突撃は効果のないことが理解できていたはずだと記している。クックがそういうことを書いたのは、もちろん第一次大戦に参加したどこの国も、南北戦争から学ばなかったからである。彼らが白兵主義に対する幻想を捨てたのは、第一次大戦の西部戦線で惨憺《さんたん》たる戦闘を体験して以後のことである。

わが国の場合には、白兵主義の存在そのものについて見誤っていたらしいのだから、南北戦争から学ぶも学ばないもなかった。ただ、この見誤り（?）をそのまま続けていられたならば、欧米諸国が第一次大戦を経験してやっとつかんだ結論を先取りすることができたかもしれない。そうなれば後年のバンザイ突撃もなく、竹槍戦法もなかったのではないかと想像することは可能であろう。

陸軍騎兵隊の創設

日本陸軍の白兵主義的傾向が顕著になるのは、明らかに日露戦争後のことである。少なくとも、歩兵については、それ以前にはそうした傾向は見出し難い。そのことは明治二十四年（一八九一）制定の『歩兵操典』が「歩兵戦闘は火力を以って決戦するを常とす」との原則を打ち出し、明治三十一年（一八九八）の改訂に当たっても、まったく変更していないことを見てもわかる。

ところが、その例外となるのが騎兵であった。「三兵戦術」のような形でヨーロッパから学ぶまで、わが国には「騎兵隊」と呼べるようなものはなかったことは、すでにいったとおりである。騎馬武者はもちろんいたが、彼らがたまたま固まって行動することがあったとしても、それは騎兵部隊とはいえない。

明治の陸軍で騎兵部隊の創設に当たった人たちも、その点はよく知っていた。彼らは、

英軍を襲うロシア騎兵隊（クリミア戦争〈模写〉）

「欧羅巴《ヨーロッパ》式編隊騎兵」をつくろうとしていた。彼ら自身の説明によれば、ヨーロッパの騎兵は、甲冑時代、火器時代、勢力時代を経て勢力兼知識時代に至っているが、明治維新前のわが国の騎馬兵は、すべて「甲冑時代的騎士」でしかなかった。そこで一挙にヨーロッパ並みの近代的騎兵をつくり出そうとしたのである。

「勢力時代」の騎兵といわれても、なんのことかわかりにくいが、要するにプロシアのフリードリヒ大王が開発し、ナポレオンによって完成されたような騎兵のことである。もっと具体的にいえば、徒歩戦の必要に備えて銃器は携行するが、火器時代の騎兵のように馬上射撃などはせず、攻撃に当たっては、ひたすら「刀鎗的勢力」によって勝敗を決しようとする騎兵のことである。

「勢力兼知識時代」の騎兵も基本的には同じこと

であるが、時代が進むと偵察、通信など騎兵の任務も複雑になってきて、ただ乗馬に巧みで刀槍の使用に熟達しただけでは勤まらなくなる。それで指揮官の号令を待って動くだけではなく、単独で判断して行動できるような知識を持たねばならないというのである。

秋山好古の主張と騎兵の運命

このように騎兵隊の創設に当たって期待されたのは、明らかに白兵突撃の機能であった。騎兵隊創設の実質的な責任者であった秋山好古《あきやまよしふる》も、明治三十年（一八九七）に起草した「本邦騎兵用法論」において、「騎兵の戦闘は白兵攻撃即ち襲撃の一あるのみ」と記している。その翌年、改正発布された『騎兵操典』にも、乗馬戦の総則として、「攻勢と防勢とを問わず、唯一の戦法は、白兵を以ってする攻撃（襲撃）あるのみとす。密集突撃は最大の勇気を奮い、各人皆決心して突入し、衝突の瞬間に於いて敵を圧倒殲滅するを要す」とある。

一読すれば明らかなとおり、これくらい徹底した白兵主義の主張もないが、秋山が強烈な白兵志向を吐露しているのは、別に彼の偏見であったわけではない。わが国がモデルとしたヨーロッパの騎兵が、そもそも強烈な白兵志向を持っていたためである。秋山はまた、騎兵は、本来、歩兵と戦うのではなく、騎兵と戦うべきものであるとも主張しているが、これも同様であろう。

しかし、秋山の主張は主張として、わが国の騎兵は、必ずしもそうした方向には発展しなかったようである。そのことは、ついに槍を装備しなかったことを見てもわかる。ヨーロッパの場合には、ナポレオン戦争の頃には、たいていの国が槍を制式化しており、中には第二次大戦に入っても、依然として装備していた国さえある。しかし、わが国の場合、儀仗《ぎじょう》用の槍を制式化したのみで、実戦用の騎兵槍は、ついに装備されなかった。

これは地形の異なるわが国では、ヨーロッパ式の騎兵は使いにくいのではないかという議論があったこと、秋山自身がいっているように、わが国の軍制、国力からして胸甲《きょうこう》を着けた重騎兵などは設けられないことなどによるものであろう。そのため軽騎兵のみ設けて、これに軽重騎兵双方の機能を兼ねさせようということになったのである。

それ以上に問題であるのは、ヨーロッパ諸国においても、騎兵の機能、役割などに対する疑問や批判が出始めていたことであろう。そのことは、わが国の騎兵関係者も承知していたが、それが当たっていることは、日露戦争で早くも明らかになった。イギリスの観戦武官として日本軍に従軍したアイアン・ハミルトンは、「前方に敵の塹壕《ざんごう》の機関銃が控えていては、騎兵にできることといえば、歩兵のために飯を炊いてやることくらいだ」と本国に報告している。

白兵主義を高々と掲げたヨーロッパ式の近代騎兵が、わが国でやっと使いものになりそうになって戦場に出たのが、この日露戦争であった。しかし、そのときには、すでに騎兵の時代は終わろうとしていたのである。

第八の問い

日露戦争後、なぜ白兵主義が採用されたのか？

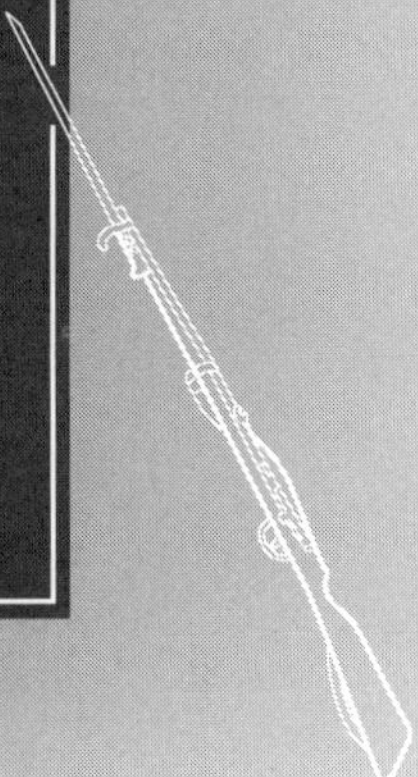

1　日露両軍は、なぜ銃剣突撃を行ったのか？

日露戦争――大規模な白兵戦

わが国の白兵主義の歴史は、日露戦争（一九〇四～〇五）から始まったといえる。

この戦争においては初めて大規模な白兵戦法が実践された。小規模な戦例なら、戦国合戦や戊辰戦争の過程にも見られるが、この戦争におけるような大きな規模で行われた例はまずない。初めて欧米軍隊の白兵戦法に接したのも、この戦争である。これらの体験をふまえた形で、戦後、にわかに白兵主義が高唱されたのである。

日露戦争でどのような戦闘が行われたかについて書かれたものは、昔からたくさんある。最近では、司馬遼太郎氏の『坂の上の雲』によって、ご承知の方も多いだろう。また、軍事史的な視角からの分析も、古くから内外で行われている。軍事史研究など、閑却《かんきゃく》されがちな戦後のわが国でも、大江志乃夫氏の詳細な研究がある。

ということで、ここでは各個の戦例などには逐一立ち入らず、日露両軍とも、しばしば白兵戦闘に出たという事実を前提として話を進めたい。ただ、ここで注意を要するのは、本書の冒頭でもいったように、「白兵戦」とはいっても、純粋に刀や銃剣だけで戦われたわけではないことである。また、接近して手榴弾の類や石を投げたりすることも「白兵戦」の一部としてとらえられている場合があるから、これまで「遠戦」との対比で用いてきた「接戦」とも、少し違うところがある。

本書のテーマからすると、それがいかに戦われたかということより、なぜそういうことが起きたかということのほうが重要である。理論的には、日露戦争の時点では、兵士たちが接近していって戦うことなど、そうそう起こりうるはずもなかった。銃砲撃の威力が上がり、破壊力も増大したからである。なにしろ、小銃は後装施条式の連発銃であり、しかもすでに無煙火薬の時代になっていた。機関銃も普及しつつあったし、速射性が増した大砲からは霰弾《さんだん》を敵の歩兵に浴びせることができた。

それでもロシア軍については、「銃弾は馬鹿者、銃剣のみ賢者」的伝統を考えれば、攻防ともに白兵戦に依存しようとしたのも、不思議ではないかもしれない。軍人には、守旧的な人が多いから、いったん確立した戦闘の原則ないし慣行は、そう簡単に変わるものではない。ロシア軍の白兵信仰の強さ、銃剣による戦闘での兵士たちの強靭さは、他のヨーロッパ諸国の観戦者も認めていたところであった。

問題は、白兵主義の伝統も持たず、したがってまた白兵戦に熟達していたとも思えない日本軍が、しばしば積極的に白兵攻撃を仕掛けていったことである。これは、どうやら日本軍が攻勢主義を採った、あるいは採らざるをえなかったところに起因しているらしい。そのためには敵の要塞や野戦陣地の攻略が必要となるが、頑強に抵抗されれば、銃剣突撃に訴えざるをえない。どうも、そういうことだったようである。

もちろん、銃剣突撃戦法自体は、それまでなかったわけではないが、それは敵が退却の気配を見せたところで行うものであった。防備のしっかりした敵陣に銃剣だけで突撃するようなことは想定されていなかったし、銃剣が使用されるとすれば、陣地に残って抵抗する敵を追い出すような場合であった。荒木肇氏が指摘されているように、「突撃」とは白兵戦を挑むことを意味するのではなく、勝利の確認にすぎなかったのである。

旅順要塞へ銃剣突撃

ところが日露戦争では、当初から白兵戦を予期しての銃剣突撃が行われるようになった。その典型的な事例は、よく知られている旅順要塞《りよじゆんようさい》の攻撃である。

当初、陸軍は砲兵の砲撃の後に、歩兵がひたすら突撃する方法を試みて失敗し、次には突撃路を掘って敵陣に迫る要塞攻撃の常道も加えてみたが成功せず、また突撃戦法に戻っ

旅順・203高地を攻撃する日本兵（「大激戦二百三高地占領」より）

た。しかし、これも失敗して、ついには敵の射撃に応射することなく、ひたすら銃剣に頼って夜襲をかけようということまで試みられた。これがいわゆる「白襷隊《しろだすきたい》」で、識別のため、全員が白い襷を十文字に掛けていたので、そのように通称された。

旅順攻撃には、後方部隊を含めて約一三万名が参加したが、近代的な要塞に銃剣で挑むような形となった結果、死傷者約五万九千名に達したとされる。ロシア側の損害は、死傷者約二万二七〇〇名だったという。

小隊長として二〇三高地の激戦に参加し重傷を負った『肉弾』の著者桜《さくら》井《い》忠温《ただよし》氏は、七年後に同地を訪れたが、双方の死傷者で「全山血に浮いた」と、その惨状を回想している。

日本軍の攻勢主義をどう評価すべきか、あえて旅順要塞を攻撃する必要はあったのか、攻撃方法は、あれ以外になかったのか、疑問はいくらもあるが、ここでは立ち入らない。ただ、こうした徹底した白兵攻撃は、江戸時代までであったら、絶対に実現できなかったものであることだけは注目しておく必要がある。

戦国時代の箇所でいったように、戦国大名たちにとって、部下たちをこぞって危険性の高い白兵戦に駆り立てるなどというのは、いろいろな意味で不可能なことであった。江戸時代の幕府や諸藩においても、事情はまったく同じである。

その当時、戦闘要員とみなされていたのは、武士たちだけであった。彼ら自身も、それ以外の階層の人たちも等しくそう考えていたが、その武士たちにしたところで、号令一下、鉄とコンクリートの要塞に向かって、白兵だけで素直に突進したかどうかは、はなはだ疑問である。まして農工商その他の人びとにおいておやである。

もちろん、武士でない者が戦闘に加わった例はある。長州で高杉晋作《たかすぎしんさく》の組織した奇兵隊《きへいたい》やそれより早く紀州の北畠道龍《きたばたけどうりゅう》がつくった法福寺隊《ほうふくじたい》などが、その典型である。飯岡助五郎の話なども、事実とすればその類といえる。だが、例外はどこまでも例外でしかない。

幕末、オランダから海軍教育のため長崎に派遣されていたカッテンディーケは、あるとき長崎の商人をつかまえて、長崎の防衛をどうするのか尋ねたことがある。返ってきた答えは、そんなことはわれわれの知ったことではない、それは幕府のやることだというものであった。実際そのとおりで、幕府側も武士以外の階層の人たちには期待しておらず、彼らがカッテンディーケの授業を受けることなど、絶対に許さなかった。

旅順戦をうたった与謝野晶子の「君死に給うことなかれ」の詩はよく知られているが、彼女の実家は泉州堺の菓子の老舗で、ここにいう「君」とは実弟のことである。この人は無事に帰還できたようであるが、江戸時代であったら、菓子屋の若旦那が士官とされて、剣を執《と》って堅塁に突進するなどということは、誰も想像できない光景であった。

健康な者でさえあれば、誰彼を問わず戦場に駆り出し、指揮官であった乃木希典《のぎまれすけ》の詩句を借りれば、死傷者で山容が変わるほど、際限もなく投入できたのは、まさに近代国家ができたおかげである。岡田英弘氏は、近代になって「国民国家」という形態が普及したのは、それが戦争のために都合がよかったからだと記されている。

2 『歩兵操典』の改正とその背景

疑わしい銃剣突撃の効果

日露戦争で白兵戦法が成果を挙げたので、その経験をふまえて『歩兵操典』の改正が行われ、それ以後、白兵主義は日本陸軍の根本思想の一つとなり、白兵戦闘は日本人のお家芸であるかのように考えられるようになった。図式的にいえば、そういうことになるが、白兵戦法は、本当にそれほど効果があったのだろうか。

死傷者の統計から見る限り、その点はきわめて疑わしい。外国の軍事史家の挙げている数字によると、両軍の戦死者の八五パーセントまでは小銃弾によるもので、刀槍銃剣によるものは、わずか二・五パーセントにすぎなかったとある。

大江志乃夫氏の分析はさらに精細で、野戦、要塞戦それぞれについて、日本軍の戦死者、負傷者の統計を取られているが、死傷原因の大部分が銃創であることに変わりはない。また、白兵によって負傷し治療を受けた者は、全負傷者の四・五パーセントでしかなく、しかもその八〇パーセント以上が入院を必要とせず、在隊治療で治ってしまう程度の軽微なものであったことも指摘されている。

これは日本軍側の状況であるし、白兵創の少ないことがそのまま白兵戦法の無効性に直結するわけでもないが、日本軍の白兵突撃もロシア軍に対して、さほど有効であったとは思えない。

日本陸軍の用兵思想を研究された前原透氏は、陣地によって頑強に抵抗するロシア兵を追い出すには銃剣突撃が必要だったが、火器の威力の増大と相手方の強靭な戦いぶりによって、膨大な犠牲を強いられることとなったと記されている。相手が退却して日本側の勝利となった会戦の多くは、日本軍の側面や背後への機動が敵の指揮官の心理的動揺を誘ってのものであったとも指摘されている。

こうした戦いぶりを不安な思いで眺めていた人は、軍関係者を含めて大勢いた。緒戦段階で南山《なんざん》の野戦陣地を奪取したとき、四三八七名の死傷者を一日で出したが、これは日清戦争の全死傷者に相当するもので、大本営は大きな衝撃を受けたといわれる。

明治から大正にかけて「刀剣と歴史」という雑誌を主宰していた高瀬羽皐《たかせうこう》という人は、当時の日記を後に公開したが、「要害堅固な陣地を無理攻めにして攻め落とせば、必ず多数の死傷者を出す。これ名将のせざるところなり」ときびしい批判を展開している。

この人は、旅順の攻略についても「かく数多の人を殺し、たやすからぬ財を費やし、さて陥しいれたる趣き、いかばかりの価（値）あるべきや」と記し、軍部には成算があるのだろうが、門外漢には一向にわからないと付け加えている。門外漢というが、彼は幕末の水戸に生まれて甲州流軍学の講義を受けたこともあり、孫子ならなんというだろうかと書いていることからも知れるように、古い軍学者の系列に連なる人なのである。

江戸時代までの戦争観からすれば、日露戦争における白兵主義などは、たしかに羽皐翁の批判するとおりのものであった。ところが白兵主義は批判されるどころか、むしろ壮挙とみなされ、賞賛の対象となってしまったのだから、わが国の軍事的な「伝統」からすれば、まったく異質な考え方が立ち現れたことになる。

日露戦争の勝利は「軍人精神の優越」？

明治四十二年（一九〇九）の『歩兵操典』改正に当たって、起草委員の一人であった大庭二郎大佐（陸軍戸山学校校長）は、攻撃こそ日本陸軍の「常に選用すべき戦闘方式」となった、その「攻撃の本色」とは白兵をもって敵を殲滅することであると説明している。

また、歩兵はいかなる困難を冒してでも敵に近づき、「遂に突撃し、白兵を揮《ふる》って敵を殲滅することを要する」ことが明定されたともいっている。それまで勝利の確認手段にすぎなかった白兵突撃は、攻撃精神の結晶であるとされ、決勝の基礎とみなされるようになったのである。

そうなったのは、陸軍が日露戦争の勝利を白兵主義の勝利と認識したからだということになる。大正二年（一九一三）に陸軍省歩兵課が編纂した『帝国陸軍』でも、兵力、装備、歩兵や工兵の能力などすべての面でまさっていたロシア軍に勝てたのは、こちらの「軍人精神」が優越していたからだ、今後も軍人精神つまり大和魂の修養に努め、精神的優越をもって敵を圧倒しなければならないと主張されている。

これを具体的にいえば、旧軍人で戦史研究家であった加登川幸太郎氏が解説されているように、日露戦争は銃剣突撃で勝ったのだから、今後もそれによって戦うべきだということにほかならない。実際にもそのとおりとなったことは、周知のとおりである。

こうした過程を表面的に眺めてゆけば、思いがけない勝利に舞い上がった人たちが、白兵主義の効果を見誤って、とんでもない方向に突っ走ったということになる。たしかに、そうした一面もあったには違いないが、ことはそれほど単純なものではなさそうである。

軍の内部にも白兵主義に批判的な人びとはいくらもいたし、なによりも銃剣突撃が犠牲ばかり多くて意外に効果のないことは、軍首脳部もよく知っていたはずだからである。

それにもかかわらず、あえて白兵主義を鼓吹せざるをえなかったのは、日本兵の強さではなく、ひ弱さだったのではないかという解釈もある。荒木肇氏は、一般の兵士の戦意も戦闘力も必ずしも高くなく、陸軍上層部は衝撃を受けたことを指摘し、なんとか自信をつけさせようとして、わが国は古来から白兵戦を伝統としており、白兵を使うことは、世界でも珍しい日本人の特技なのだというデタラメを広めたのだと記されている。

日本軍の実状と資金の不足

一般にはあまり伝えられていないが、ロシア兵の銃剣突撃の前に、日本兵がなす術《すべ》もなく退却してしまうという光景がしばしば見られたらしい。そのことを報告した外国の観戦武官は、それに続けて、日本軍も銃剣訓練に精を出した結果、戦争末期にはなんとか白兵戦を戦おうとするようになったが、やはりロシア兵にかなわなかったといっている。

幕末の攘夷派は、火兵ではとても外国に勝てないが、接戦に持ち込めばなんとかなると考えていた。しかし、現実の攘夷戦は、艦載砲の砲火を浴びただけで片がついてしまった。日露戦争時の軍首脳部が攘夷派と同じように、白兵戦なら大丈夫と思っていたかどうかは知らないが、初めて欧米流の白兵主義にぶつかってショックを受けたことは想像に難くない。そうした一方で、その強いロシア軍に辛勝したのだから、話はややこしくなる。

その結果、ウソ偽りをいってでも、白兵主義を押し出さざるをえなくなったといえるが、やや好意的に解釈すれば、軍首脳部にデタラメをいうつもりはなかったのかもしれない。彼らも『太平記』などの軍記や川中島の合戦譚などの軍談には親しんでいたろうから、それらにある与太話を信じて、わが国だってずっと白兵主義だったではないかとか、白兵を操るのは日本人の特技だったのだとかいったとも考えられる。

それに加えて、ヨーロッパ諸国の軍人が日本軍の勝利を白兵主義の勝利というようにとらえて、積極的に評価してくれたことも、軍の首脳に大きな自信を与えたと思われる。その点については、後に詳しく触れたい。

さらに切実な理由としては、わが国の懐具合との関係もあった。田中国重大将は、若手将校として日露戦争を体験したが、三十年後に旅順戦を振り返って、予算の不足から事前に兵器弾薬を準備できなかったため、「実に無鉄砲な戦(い)」をしなければならなかったといっている。

奈良武次大将も、同じ席で、兵器の革新ができないままに戦争に突入したため、多大の犠牲を払うことになったといっているが、革新できなかったのは、やはり経済的な理由が大きかったからだろう。

日露戦争はそういう状況だったが、その後も十分な近代装備をととのえる余裕が出てくる見通しなどはない。そうなれば白兵主義に活路を見出すほかはないというのが軍部の判断だったのだろう。その結果、弾薬の消費を異常なまでに惜しむ傾向が定着し、兵頭二十八《ひょうどうにそはち》氏が記されているように、対米戦が開始されたあとになっても、一弾も発射せずに夜襲を行う訓練がまだ続けられるといったことにもなった。だが、どうがんばってみたところで、戦いの勝敗を決める最大の要因が兵器の質と量であるという事実は、動かすことができなかったのである。

第九の問い

日本陸軍は、なぜ白兵主義を捨てなかったのか?

1　脚光を浴びた日本軍の銃剣突撃

明治の白兵主義は「外来思想」

　われわれは、銃剣突撃と「必勝の信念」があれば、どこの国の軍隊と戦おうと恐れることはないという考え方が、どのような結果を招いたかをよく知っている。だから、明治四十二年（一九〇九）の『歩兵操典』改正についても、ついきびしい批判をしたくなる。戦後、旧陸軍の将官だった人が「砲兵火力を軽視する国軍独自の戦法」の根源は、あの操典にあったと嘆いたという。たしかに、そのとおりではあろうが、もしかすると、それは結果を知る者だけが行いがちな「後ろ向きの予言」なのかもしれない。

　少なくとも明治四十二年の段階では、白兵主義は、格別奇異なものではなかったし、もちろん「お蔵入り」になった思想でもなかった。というのも、欧米諸国は例外なしに白兵主義を採っていたからである。白兵主義の前提にある攻勢主義、攻撃主義にしても、別にわが国固有のものではなく、いくらもお手本が存在した。この点はとかく見逃されがちだが、明治の白兵主義は、本質的に「外来思想」であったことを忘れてはならない。

わが国の軍隊は、幕末以降、ずっとヨーロッパをモデルにやってきており、その成果が日露戦争の勝利であった。その過程で思いもよらぬ白兵主義の洗礼を受けることになったが、それもなんとかしのぐことができた。となれば、軍人たちにしてみれば、むしろこれでようやく外国並みになったという思いでいたはずである。

西欧諸国の評価

そのヨーロッパ諸国も日露戦争の日本軍の戦い方に肯定的で、良い点をつけてくれた。ヨーロッパの観戦武官たちがこの戦争から得たもっとも主要な教訓は、新兵器が防御に与えたあらゆる利点を考えても、攻勢を採ることは完全に可能であるというものであったという。これは、攻勢主義、攻撃主義は引き続き維持されるべきであるということにほかならないから、攻勢・白兵派にはかなりの「追い風」となったはずである。

攻撃の根幹となる銃剣突撃についても同様である。イギリスのアルサム少将は、この戦争についてのヨーロッパの軍人たちの一般的な反応を要約して、「銃剣がいかなる意味においても古くさくなった兵器ではなく、火力のみでは、決意が固く軍規厳正な敵をつねに陣地から駆逐できるものではないことをくり返し示した」戦争であったと記している。突撃は、それに先行する火力の優越を達成するより、もっと重要なことで、最後の勝利は、これにかかっていると見られていたともいっている。

もちろん攻勢主義・白兵主義に批判的な人たちも、いなかったわけではない。彼らは、後世の目で見れば「進んだ」人たちだったことは間違いないが、同時代の仲間たちからすれば、「変わった」人間でしかなかった。

イギリスのハミルトンは後に将官となった人で、観戦武官としてやってきた。彼が騎兵本来の役割は終わったと本国に報告したことはすでに触れたが、報告を受け取ったイギリス陸軍省は、あの男は東洋で数ヵ月を過ごしている間に、精神に異常を来たしたのではないかと疑ったそうである。

ドイツからは、これも後に将官となるホフマンという将校が観戦に来た。彼は十年後の第一次大戦で大きな役割を果たすことになる天才肌の男で、ハミルトンとよく似た観察を本国に報告した。有名なモルトケ将軍の甥の小モルトケがそれを読んで、「昔はそんなおかしな戦いはしなかったものだ」と息巻いたという話が伝わっている。

その後、ドイツでは皇帝のお声がかりで、日本の体験を取り入れた銃剣術が奨励されたと、当時、ドイツの連隊に所属していた後の陸軍中将林弥三吉《やさきち》が記している。この話は、当然、日本軍首脳部にも伝えられ、彼らに自信をつけさせたことであろう。

2 第一次大戦を体験しなかった日本軍

白兵主義をうち砕いた第一次大戦

こうした二、三の挿話からも明らかなように、『歩兵操典』の改正が行われた時点では欧米諸国も、まだ白兵主義にどっぷりと浸っていた。それが一挙に崩れるのは、一九一四年に始まった第一次大戦によってである。

もっとも緒戦の段階では、双方の騎兵が馬上で槍やサーベルを振り回して渡り合ったり、純白の前立てを飾った軍帽に白手袋という出で立ちの若い歩兵将校が、サーベルを手にして陣頭に立って突進してくるといった場面もあった。だが、戦場のリアリズムがたちまちそんなものを「昔語り」にしてしまった。

総動員兵力約六五〇〇万、人的損害の合計約三七五〇万という未曾有の大戦を契機とし

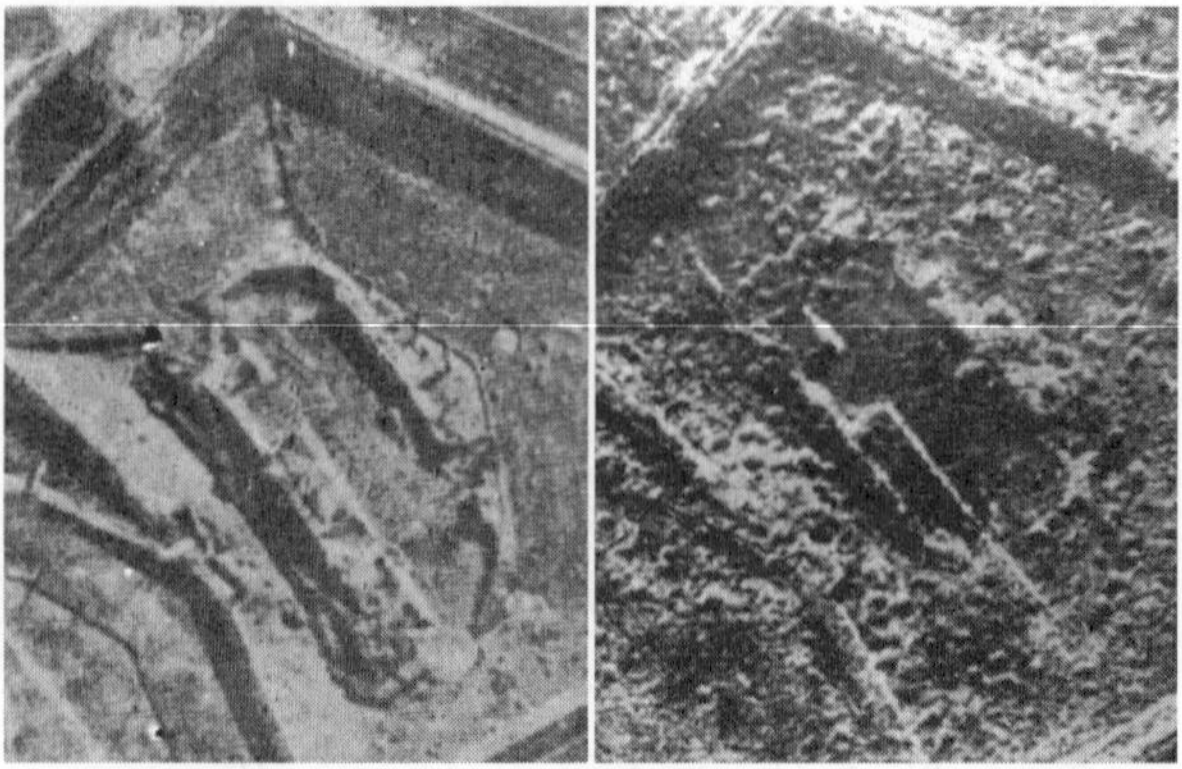
ヴェルダン要塞を襲うドイツ軍の猛砲撃（左から右へ。第１次大戦）

て、欧米諸国は白兵主義、もっと端的にいえば「白兵信仰」を放棄した。ところが参戦した大国の中では、日本だけがなぜかそれを捨てなかった。近代国家としては、もっとも遅くこの信仰に取りつかれた国が最後まで残ってしまう形となった。

その理由はいろいろ考えられるが、やはりヨーロッパ戦線の惨状を直接体験しなかったということが、もっとも大きいであろう。それにしても、その後、ますます白兵志向を強めていったのだから、逆行もいいところである。近代的な装備を調えられる見通しがないから、白兵主義に傾斜していったには違いないが、それだけで説明できるものかどうか、率直なところ、私にはわからない。

日露戦争のとき歩兵大隊長だった志岐《しき》守治《もりはる》中将は、昭和十年（一九三五）に白兵主義を批判する談話を残している。屍《しかばね》を乗り越えて戦うことを非常にえらいことのようにいうが、それは間違っている、昔はそういうこともできたかもしれないが、今日の戦争では屍を乗り越えている間に、銃砲火でたたき伏せられて自分が屍になってしまうではないかというのである。彼はまた、肉弾は銃砲弾の代わりにはならないともいっている。

これはきわめて単純なことのように聞こえるが、白兵主義が成り立たなくなったポイントは、そこに尽きている。どうしても白兵を活かしたいなら、志岐中将もいうように側面や後方から十分な銃砲火を浴びせかけて敵を押さえつけ、兵士が敵と接触できるようにする必要がある。金がないから、白兵主義、肉弾主義をもって火兵主義に替えようなどということは、もともと成り立ちようのない本末転倒した話なのである。

日中戦争と白兵主義

『歩兵操典』の改正で打ち出された白兵主義は、その後、戦争らしい戦争がなかったこともあって、しばらく現実の形で見ることはできない。それが再び出てくるのは満州事変（一九三一〜三三）以後であり、日中戦争（一九三七〜）の開始以来、顕著になる。

その間、銃剣突撃の事例はいくつもあるが、陣地を固守する敵兵を駆逐するためには、白兵突撃に拠らざるをえない場合も多かったようだし、それがある程度有効であった場合も、また少なくなかったようである。それに銃剣は、もともと銃器と併用するものであるから、その装備・使用が火兵主義の全面否定を意味するものでもない。実際に銃剣突撃を行ったかどうかは別として、第一次大戦を経験した後も、どこの国の軍隊も銃剣はまず例外なく装備していたし、現在においても同様である。

したがって、そこまでのところでは白兵突撃戦法を実行したからといって、一概に時代遅れとか愚劣とかいって、片付けてしまうことはできないが、それと並行しておかしな現象が現れてくる。そのもっとも端的なものが日本刀への執着である。

日本刀への執着

刀剣重視の姿勢が顕著になるのは、満州事変以後のことであり、日中戦争では、大量の日本刀が戦場に持ち出された。この戦争中、戦地で軍刀の補修に当たった成瀬関次氏は、戊辰戦争、西南戦争、日清戦争、日露戦争を通じて見ても、今度の戦争ほど大量の日本刀が使用されたことはなかっただろうと記されている。

成瀬氏は、その理由として、飛行機の発達などから大集団での会戦が難しくなり、戦闘が分散して行われがちになったこと、ゲリラ戦などへの対応が必要になったことなどを挙げている。しかし、その一方で戊辰戦争から日中戦争まで、乱戦の中で敵と渡り合って血戦したような事実は、小説や講談にあるように、そうそうザラにあったとは思えないともいっている。実際、彼が修理を手がけた軍刀の中には、行軍中の事故とか取り扱いの誤りとか、戦闘とは無関係の理由で損傷したものが圧倒的に多かった。

日本刀は意外に脆弱であるし、接戦に用いるにしてもあまり頼りになる武器ではなかった。それは戦国時代から、すでにわかっていたことである。そんなものを将校と一部の下士官にまで持たせたのだから、彼らが銃器を扱わない分だけ、部隊としての火力は低下し戦闘力は減少する。きわめて損な選択であったことは、はっきりしている。

昭和の陸軍は、万邦無比の霊器である日本刀さえあれば夷狄《いてき》（外国人）など恐るるに足りないと考えていた幕末の攘夷派とよく似ていたようである。満州事変後、兵器の刷新が企画されたが、なによりも先に行われたのが軍刀の改良であった。その後、従来のサーベル式の外装から旧来の日本刀スタイルに改められることとなったが、それは機能上の問題からではなく、「日本精神」を高めるためであった。

第二次世界大戦に入ったとき、刀剣を装備していた軍隊は皆無ではなかったろうが、これを実用的な武器と見ていたのは、日本陸軍だけだったらしい。太平洋戦線では、アメリカ軍に対して、しばしば日本刀と銃剣による攻撃が行われた。アメリカ側がこれを「バンザイ突撃」と呼んだことは、よく知られている。

3　白兵主義の行きついたところ

「バンザイ突撃」と玉砕主義

日本軍の白兵突撃は、アメリカ兵を恐怖に陥れたようなことを書いたものがよくある。彼らが忘れてしまった肉弾戦に巻き込まれれば、びっくりしたのはたしかだろうが、それで日本軍に勝利がもたらされたわけではなく、多くの犠牲を出したというまでである。

アメリカ陸軍省が一九四四年に編集したマニュアルにも、「日本軍は人命を軽んじ、目標を獲得するときの代価を計算しない。彼らの多岐にわたる訓練および銃剣に対する先天的な信頼にもかかわらず、彼らは白兵戦において傑出していない」とある。

バンザイ突撃と表裏の関係で語られるのが、日本軍の玉砕《ぎょくさい》主義である。玉砕の事例は、わが国にも外国にもないわけではないが、それが当然のごとく次々とくり返されていったような例はまずないだろう。

全滅した一木支隊（太平洋戦争・ガダルカナル戦）

『歩兵操典』が白兵主義を強調していたことが、そういう結果につながったという見方もあるかもしれないが、玉砕主義と白兵主義は必然的に結びつくものではない。白兵主義というのは、その利害得失は別として一つの戦術思想であるが、玉砕主義というのは、むしろ戦術の否定だからである。

戦術というのは、平たくいえば戦闘を実施するための術策である。それでは戦闘の目的はなにかといえば、『歩兵操典』の冒頭にもあるように「敵を圧倒殲滅して迅速に戦捷《せんしょう》（戦勝）を獲得する」ことである。早くいえば敵に勝つことであり、白兵主義（接戦主義）も火兵主義（遠戦主義）も、そのための手段・方法の一環として存在するのである。このことは近代の日本だけの話ではなく、古今東西を通じて変わるものではない。

日本刀で軍艦に斬り込もうとした攘夷派も旅順要塞に突撃した白襷隊も、主観的にはそれで勝てるつもりでいた。だから、第三者の目にはいかに愚劣に見えようとも、その限りにおいては戦術思想ではあったに違いない。

しかし、玉砕攻撃というのは、敵に勝てる見込みはまずなく、こちらの敗滅は必至でありながら行われるのだから、もはや戦術の範疇にはない。戦術的には無意味に見えても、戦略的な必要があれば別だが、そういうことも考え難いのだから、論理的な説明は不可能というほかはない。

日露戦争以来、日本陸軍は、戦略的には攻勢主義、戦術的には白兵主義を方針としてきた。やや単純化していえば、銃剣突撃と「必勝の信念」によって近代戦を戦い抜こうという考え方であるが、その行きついた先は玉砕主義であった。それは戦術思想の破綻というか、もっと率直にいえば放棄を意味していた。

エピローグ

竹槍戦法――「白兵」のない白兵主義

太平洋戦争の末期、戦局が行き詰まってくると、使用する白兵もない「白兵主義」という不思議な現象まで出てくる。竹槍《たけやり》戦法がその典型である。竹槍といっても、戦後生まれの人などには、わからないかもしれないが、文字どおり、竹竿の先を削いで槍としたものである。正規兵も一部持たされたようだが、主として非戦闘員用の武器であった。

竹槍戦法に類することは、外国にも例がないわけではない。南北戦争のとき、物資が窮乏した南軍の中には、棒だけを手にして突撃した部隊もあった。ただ、わが国の竹槍戦法が異様であるのは、非戦闘員、それも地域によっては女性や年少者まで巻き込んで強制されたというところにある。

非戦闘員に竹槍など持たせて戦うことが誤っていることはいうまでもない。その理由の一つは、そんなことをやっても、戦術的になんの意味もないということである。私は、大人たちが集まって、かわるがわる竹槍で藁人形《わらにんぎよう》を突くのを見ていたことがある。B29（アメリカの重爆撃機）の編隊が連日のように飛来しているのに、こんなことをやっていて大丈夫なのだろうかと子供心に思ったが、やはり大丈夫ではなかった。今でも、あの光景を思い出すと、腹が立つより先に、情けなくなってくる。

もう一つの誤りは、非戦闘員を戦闘に参加させるのは、戦時国際法の上で問題が大有りだからである。交戦者としての資格を持たない者は、いざというときに捕虜となる「権利」を得られない。いい替えれば、どういう扱いを受けても文句はいえないということである。万に一つの勝ち目もない戦闘に駆り出されたうえ、捕虜にもなれないとあっては、こんな残酷な話もない。

竹槍精神は死なず

子供の私でも疑問に思ったくらいだから、軍の首脳部も、本音のところでは、竹槍で飛行機や戦車に立ち向かえると考えていたわけではないだろう。少なくとも、そう信じたいのだが、中にはけっこう本気で、これでなんとかなるのではないかと考えていた人もいるらしい。

戦時中はもちろんだが、戦後になっても、まだそんなことをいった人が何人かいた。名前をいえば、たいていの人が知っている著名な旧軍人で、自衛隊の将官にもなった人が、最後までやっていたら、どうなったかわからなかったといったことがある。このときはさすがに腹が立ったから、職業軍人がそういうことをいうとはなにごとだと新聞に投書して採用されたが、反応はなかった。

戦後のわが国は、憲法の規定を受けて非武装中立が建前となっている。もっとも、この建前は間もなく空洞化してしまったが、建前どおりであるべきことを主張している人も少なくない。意外なことに、竹槍精神は、そういう人たちの中にも残っている。

非武装中立論を主張する場合、必ず問題になるのが、他国から侵略されたらどうするのかということである。私が学生のころには、そうした質問に対しては、そんなことはありえないと答える人が多かった。社会主義国は侵略などしないという人もいた。だが、前者は願望、後者は「信仰」にすぎないことは、今日では誰にもわかってしまった。

そうなっては、もし侵略を受けたら素直に手を挙げてしまえというのが、もっとも合理的な答えとなる。実際にそういった人も少しはいたが、「秩序ある威厳に満ちた降伏」をすれば問題は起きないといった願望論が付いてくるから、おかしなことになる。問題が起きるかどうかは相手の考え方で決まることで、降伏する側が決められることではない。

その点を考えたものか、非武装中立論者の中にも、抵抗は可能だと説く人たちがいる。たしかに憲法は固有の自衛権まで否定しているわけではないから、論理的には、軍備はなくとも抵抗は可能であるに違いない。だが論理的に可能であるということと、現実に有効であることとは別問題である。

それにもかかわらず、民衆が武器をとって抵抗する「群民蜂起」の方法もあるという主張がある。自衛隊違憲論を打ち出した判決の中でもうたわれたことがあるが、武器といっても、わが国の場合、民間に火器などはまずない。また、徴兵制度もずっと行われていないから、戦闘訓練を受けた者もほとんどいない。要するに、これは戦時中の竹槍戦法と異なるところのない発想である。戦時国際法のことを考えていない点も同じである。

思想的にはまったく違う立場にいるはずの人たちが、究極のところでは同じような発想に陥るのは不思議といえば不思議である。こういう不可解な現象が起きた前提としては、白兵主義という、それまでのわが国の歴史に見出すことのできない俄《にわ》かづくりの「伝統」が、あっという間に普及してしまったことがある。竹槍戦法などは、そんな怪しげな「伝統」からも逸脱したものだが、物が竹だけにとんでもない方向にまで根を張ってしまったのかもしれない。

あとがき

「白兵主義」という戦術思想は、日露戦争後になって、陸軍が積極的に打ち出したものである。それ以来、日本軍の戦い方は、銃砲火よりも銃剣突撃に頼ることが主体となった。その結果、どういうことが起こったかは、たいていの方がご存じであろう。

明治の陸軍は、白兵主義を打ち出すに当たって、それはわが国古来からの伝統であり、刀や槍のような白兵を操るのは、日本人の特技であると説明している。陸軍の首脳部があえてウソをついたのか、なにか勘違いしていたのか、それはわからない。だが、これは明らかに誤りである。

たしかに白兵主義的な傾向は、どの時代にも見られたが、その対極にある遠戦主義ないし火兵主義的傾向のほうが常に優勢であって、白兵主義などはかすんでいたというのが事実である。また、白兵を使うのは、たいていの民族がやっていることであって、日本人だけの特徴ではないし、日本人が特に上手だったというものでもない。

要するに、当時の陸軍は、根拠のないことをいって、国民を駆り立てたわけであるが、このデタラメは、いまだに生き続けている。わが国には「白兵主義時代」があったという思い込みは、専門家の間にまで定着している。それも思想的、学問的立場の相違を超えて、広く浸透しているのである。この本は、そうした「思い込み」が誤っていること、それはなぜであるかということを説こうというものである。

実は、ここ数年の間に、私は、この問題に関連する本を何冊か出している。最初は、『鉄砲と日本人』（洋泉社、現在ちくま学芸文庫　平成九年）で、長篠の合戦譚が虚構であるといったことなども含めて、日本人ことに侍たちと鉄砲との付き合いの歴史を眺めたものだが、その中で日本人の遠戦志向がいかに強かったかを指摘している。『刀と首取り』（平凡社新書　平成十二年）は、その日本刀版のようなもので、戦国時代における接戦の実態をふまえつつ、武器としての刀の最大の役割は、首取りの道具であることにあったことを説明したものである。また、『戦国合戦の虚実』（講談社　平成十年）においても、戦国合戦の実態を検討する中で、そうした問題に触れている。

こういうと、なにやら屋上屋を架する作業をしたように受け取られそうだが、決してそういうわけではない。これまで書いたものは、白兵主義の問題を真正面にすえたわけではなく、日本人の戦い方という観点からすれば、「各論」に当たるものである。これに対して、今回書いたものは「総論」であるので、本書を読んで、さらに興味を抱かれた方は、「各論」のほうにも目を通していただければ幸いである。

この本は、新書という性格から読みやすさを考えて、あえて「学術書」的な形を採らなかった。そのため注も付さず、根拠となる文献名なども逐一挙げなかったし、引用文も読み下しや新仮名遣いに改めた場合がある。ただし、使用した文献資料だけは、感謝の意味をこめて、すべて掲げておいたので、さらに関心のある方は、それによって見ていただきたい。

日本戦史の見直しをやってみないかと、講談社から声をかけていただいたのが契機となってできた本であるが、「白兵主義」の問題を軸にすえる形になったのは、私のほうからお願いした結果である。そのため担当された田辺瑞雄さんには、いろいろとご心配をおかけしたと思うが、この場を借りて、お詫びとお礼を申しあげておきたい。

図版出典
・前九年合戦絵巻（江戸後期模写。馬の博物館蔵）
・川中島合戦図屏風（岩国歴史美術館蔵）
・武田信玄配陣図屏風（富山県個人蔵）
・軍忠状（市村王石丸代軍忠状。由良文書『古文書時代鑑』による）
・蒙古襲来絵詞（宮内庁蔵）
・田原坂激戦之図（浅井コレクション）
・大激戦二百三高地占領（清親画　神奈川県立歴史博物館蔵）

『信長公記』『関原軍記大成』『(山鹿素水) 相州浦賀巡覧私記』『相州兵乱記』『大乗院寺社雑事記』『太平記』『親長卿記』『朝野群載』『貞丈雑記』『東寺執行日記』『徳川実紀』『長沢聞書』『難太平記』『日本王国記』『日本書紀』『梅松論』『萩藩閥閲録』『八幡愚童記』『武功雑記』『扶桑略記』『(山鹿流) 武治提要』『(要門流) 武門要鑑抄』『平家物語』『(北条流) 兵法雌鑑』『北条九代記』『細川幽斎覚書』『三河物語』『陸奥話記』『明徳記』『蒙古襲来絵詞』『元親記』『耶蘇会士日本通信』『老翁物語』『渡辺水庵覚書』

■資料集など

『浅野家文書』(東京大学史料編纂所編)、『茨城県史料・中世編』(同県編刊)、『上杉家文書』(東京大学史料編纂所編)、『愛媛県史・資料編　古代・中世』(同県編刊)、『岡山県史・家わけ史料』(同県編刊)、『香川県史・古代中世史料』(同県編刊)、『鹿児島県史』(同県編刊)、『鎌倉遺文』(東京堂出版)、『吉川家文書』(東京大学史料編纂所編)、『岐阜県史・史料編　古代・中世』(同県編刊)、『熊谷家文書』(東京大学史料編纂所編)、『群馬県史・資料編　中世』(同県編刊)、『小早川家文書』(東京大学史料編纂所編)、『埼玉県史・資料編』(同県編刊)、『佐賀県史料集成・古文書編』(同県立図書館編刊)、『相良家文書』(東京大学史料編纂所編)、『静岡県史料』(角川書店)、『静岡市史・古代・中世史料』(同市編刊)、『新修島根県史・史料編　古代・中世』(同県編刊)、『相馬市史』(同市編刊)、『大日本史料』第六編〜第十二編 (東京大学史料編纂所編)、『栃木県史・史料編　中世』(同県編刊)、『南北朝遺文　九州編』(東京堂出版)、『南北朝遺文　中国・四国編』(東京堂出版)、『新潟県史・資料編』(同県編刊)、『兵庫県史・史料編　中世』(同県編刊)、『平賀家文書』(東京大学史料編纂所編)、『広島県史・古代中世資料編』(同県編刊)、『福島県史・古代中世資料』(同県編刊)、『編年大友史料』(田北学編)、『宮城県史・史料集』(同県著　ぎょうせい刊)、『三浦家文書』(東京大学史料編纂所編)、『毛利家文書』(東京大学史料編纂所編)

■雑誌など

「武田氏研究」第21号 (平成11年9月――太向義明「武田〝騎馬隊〟像の形成史を遡る」)、「刀剣と歴史」113号 (大正9年2月)、117号 (大正9年6月)、「別冊文藝春秋」233号 (平成12年秋――古川薫「青銅砲オランダ流離譚」)、「文藝春秋」(昭和51年9月――山本七平・司馬遼太郎「リアリズムなき日本人」)、「歴史公論」第5巻第3号 (昭和9年10月――佐藤堅司「日本陸戦法史―鳥瞰」、橋本実「上代兵制の変遷」、伊藤政之助「戦国時代の陸戦史」)、「歴史群像シリーズ」64 (平成13年1月――佐藤和夫「元寇の軍事的研究」)、「歴史公論」第7巻第1号 (昭和13年1月――藤井甚太郎「戦史上より見た幕末維新より現代」、橋本徳太郎「戦史上の中世と其変遷」)、「歴史読本スペシャル　日本史の目撃者」(平成1年)、「NHK歴史への招待」6 (昭和55年4月――「義経騎馬軍団」)

前原透『日本陸軍用兵思想史』天狼書店　平成 6 年
安井久善『日本合戦物語』東出版　昭和43年
柳田国男『木綿以前の事』創元社　昭和13年
山上八郎『日本の甲冑』創元社　昭和14年
横須賀開国史研究会編『ビッドル来航と鳳凰丸建造』横須賀市　平成12年
横浜市歴史博物館ほか編『兵の時代——古代末期の東国社会』同館　平成10年
横浜対外関係史研究会ほか編『横浜英仏駐屯軍と外国人居留地』東京堂出版　平成11年
陸軍騎兵実施学校『騎兵戦術論』同校　明治33年
陸軍参謀本部『日本戦史・長篠役』同本部　明治36年
陸上自衛隊北熊本修親会編『新編西南戦史』原書房　昭和52年
陸上自衛隊第四師団司令部『本土防衛戦史・元寇』同司令部　昭和38年
和歌山県立博物館『戦国合戦図屏風の世界』同館　平成 9 年
H.Delbruck, *Medieval Warfare*, trans.W.J.Renfroe, Jr, University of Nebraska Press, Lincoln and London 1990
H.Delbruck , *The Dawn of Modern Warfare* , trans.W.J.Renfroe,Jr, University of Nebraska Press, Lincoln and London 1990
R.E.Dupuy&T.N.Dupuy , *The Encyclopedia of Military History* , Harpers & Row, NewYork 1970
J.Eliss , *Cavalry The History of mounted warfare* , Douglas David & Charles Ltd. Vancouver 1978
B.S.Hall , *Weapons & Warfare in Renaissance Europe* , Johns Hopkins Univ. Press, Baltimore 1997
J.Jobe (ed.) , *Guns* , Crescent Books, New York 1974
J.Lawford (ed.) , *The Cavalry* , RoxbyPress, London 1976
G.Mcwhiney & P.D.Jamieson , *Attack and Die* , The University of Alabama Press, Alabama 1982
D.Pope , *Guns* , The Hamlyn Publishing Groupe Ltd. London 1969
R.A.Preston & S.F.Wise , *Men in Arms* , Praeger Publishers, New York 1975
B.W.Tuchman , *The Guns of August* , The Macmillan Company, New York 1962
T.Wintringham&J.N.Blashford-Snell , *Weapons and Tactics* , Penguin Books Ltd. Middlesex 1973

■古典籍、古記録その他の資料

『吾妻鏡』『有馬家旧蔵文書』『陰徳太平記』『雲陽軍実記』『永享記』『応永記』『大坂陣山口休庵咄』『大友記』『落穂集』『海国兵談』『海備芻言』『海備全策』『嘉吉記』『紀州御発向之事』『愚管抄』『源平盛衰記』『甲陽軍鑑』『後法興院政家記』『今昔物語集（本朝世俗部）』『三国志　魏書』『承久記』『承久兵乱記』『将門記』『小右記』『続日本紀』『新東鑑』『信玄全集末書』『（小瀬甫庵）信長記』

近藤好和『弓矢と刀剣』吉川弘文館　平成９年
佐久間亮三・平井卯輔『日本騎兵史』原書房　昭和45年
佐藤堅司『日本武学史』大東書館　昭和17年
渋沢栄一『徳川慶喜公伝』平凡社　昭和42年
子母澤寛『新選組遺聞』中央公論社　昭和52年
末松謙澄『修訂防長回天史』柏書房　昭和55年
F・ザビエル『聖フランシスコ・ザビエル全書簡』平凡社　平成６年
関幸彦『武士の誕生・坂東の兵どもの夢』日本放送出版協会　平成11年
相馬基編『回顧三十年　日露大戦を語る』東京日日新聞社・大阪毎日新聞社　昭和10年
太平洋戦争研究会『図説帝国陸軍　旧日本陸軍完全ガイド』翔泳社　平成7年
高木惣吉『現代の戦争』岩波書店　昭和31年
高橋昌明『武士の成立　武士像の創出』東京大学出版会　平成11年
高柳光寿編『大日本戦史』三教書院　昭和17年
高柳光寿『高柳光寿史学論文集』吉川弘文館　昭和45年
武岡淳彦『日本陸軍史百題――なぜ敗けたのか』亜紀書房　平成７年
寺田近雄『日本軍隊用語集』立風書房　平成４年
東京国立博物館『日本の武器武具』同館　昭和52年
東京日日新聞社会部編『戊辰物語』万里閣書房　昭和3年
中井良太郎『日本古戦史の真価』洛陽書院　昭和17年
仲田正之『江川坦庵』吉川弘文館　昭和60年
中西立太『日本の軍装――幕末から日露戦争』大日本絵画　平成13年
永原慶二『戦国時代・16世紀、日本はどう変わったのか』小学館　平成12年
成瀬関次『戦ふ日本刀』実業之日本社　昭和15年
名和弓雄『長篠・設楽原合戦の真実』雄山閣出版　平成10年
野口武彦『江戸の兵学思想』中央公論社　平成３年
橋本昌樹『田原坂』中央公論社　昭和47年
林弥三吉『日本戦史の研究』偕行社　昭和12年
兵頭二十八『軍学考』中央公論新社　平成12年
兵頭二十八『日本の陸軍歩兵兵器』銀河出版　平成７年
福井勝義・春成秀爾編『人類にとって戦いとは１　戦いの進化と国家の生成』東洋書林　平成11年
福田豊彦編『中世を考える・いくさ』吉川弘文館　平成５年
藤本正行『逆転の日本史　戦国合戦本当はこうだった』洋泉社　平成９年
藤本正行『鎧をまとう人びと』吉川弘文館　平成12年
M・ブロック『封建社会』みすず書房　昭和52年
米陸軍省編『日本陸軍便覧』光人社　平成10年
洞富雄『鉄砲』思文閣出版　平成３年
堀内信『晦結溢言』私家版　明治40年

参考文献

（一般的な辞書、事典、教科書、年表の類は挙げていない。配列は、おおむね編著者名あるいは資料名の五十音順ないしアルファベット順に拠っている）

■一般図書（原則として、明治以降に書かれたもの）

会津戊辰戦史編纂会『会津戊辰戦史』同会刊　昭和８年
青木保『兵器読本』日本評論社　昭和12年
荒木精之『神風連実記』新人物往来社　昭和46年
荒木肇『静かに語れ歴史教育』出窓社　平成10年
有馬成甫『高島秋帆』吉川弘文館　昭和33年
石岡久夫『日本兵法史』雄山閣　昭和47年
石田文四郎編『明治大事変記録集成』三陽書院　昭和７年
伊藤實『飯岡助五郎』嵜書房出版　昭和53年
井上鋭夫『信長と秀吉　日本の歴史文庫第10巻』講談社　昭和50年
今泉鐸次郎『河井継之助伝』目黒書店　昭和６年
上横手雅敬『源平の盛衰』講談社　平成９年
上横手雅敬『平家物語の虚構と真実』塙書房　昭和60年
漆原徹『中世軍忠状とその世界』吉川弘文館　平成10年
大江志乃夫『日露戦争の軍事史的研究』岩波書店　昭和51年
大阪朝日新聞社編『郷土戦記』朝日新聞社　昭和13年
大林太良編『日本古代文化の探求・戦』社会思想社　昭和59年
大山柏『戊辰役戦史』時事通信社　昭和46年
岡田英弘『歴史とはなにか』文藝春秋　平成13年
小川和佑『刀と日本人』光芒社　平成12年
奥村正二『火縄銃から黒船まで』岩波書店　昭和45年
大佛次郎『天皇の世紀　長州』朝日新聞社　昭和52年
勝海舟『氷川清話』講談社　昭和49年
カッテンディーケ『長崎伝習所の日々』平凡社　昭和39年
加登川幸太郎『三八式歩兵銃　日本陸軍の七十五年』白金書房　昭和49年
金子常規『兵器と戦術の日本史』原書房　昭和57年
金子有鄰『日本の伝統馬術——馬上武芸篇』日貿出版社　昭和50年
加茂儀一『騎行・車行の歴史』法政大学出版局　昭和55年
川合康『源平合戦の虚像を剝ぐ』講談社　平成8年
川崎三郎『戊辰戦史』博文館　明治27年
川崎紫山『増訂西南戦史』博文館　明治33年
北島正元『幕藩制の苦悶　日本の歴史18』中央公論社　昭和41年
A・クック『アメリカ』日本放送出版協会　昭和53年
小西四郎編『士族の反乱　現代日本記録全集三』筑摩書房　昭和45年
小山弘健『図説　世界軍事技術史』芳賀書店　昭和47年

講談社現代新書　1568

謎《なぞ》とき　日本《にほん》合戦《かっせん》史《し》――日本人《にほんじん》はどう戦《たたか》ってきたか

二〇〇一年九月二〇日第一刷発行

著者――鈴木眞哉《すずきまさや》

発行者――野間佐和子　発行所――株式会社講談社
東京都文京区音羽二丁目一二―二一　郵便番号一一二―八〇〇一
電話（出版部）〇三―五三九五―三五二一　（販売部）〇三―五三九五―三六二六　（業務部）〇三―五三九五―三六一五
装幀者――杉浦康平＋佐藤篤司
印刷所――凸版印刷株式会社　本文データ制作――講談社プリプレス制作部(C)　製本所――株式会社大進堂
（定価はカバーに表示してあります）　Printed in Japan

N.D.C.210.19　254p　18cm
ISBN4-06-149568-2　（現新）

「講談社現代新書」の刊行にあたって

教養は万人が身をもって養い創造すべきものであって、一部の専門家の占有物として、ただ一方的に人々の手もとに配布され伝達されうるものではありません。

しかし、不幸にしてわが国の現状では、教養の重要な養いとなるべき書物は、ほとんど講壇からの天下りや単なる解説に終始し、知識技術を真剣に希求する青少年・学生・一般民衆の根本的な疑問や興味は、けっして十分に答えられ、解きほぐされ、手引きされることがありません。万人の内奥から発した真正の教養への芽ばえが、こうして放置され、むなしく滅びさる運命にゆだねられているのです。

このことは、中・高校だけで教育をおわる人々の成長をはばんでいるだけでなく、大学に進んだり、インテリと目されたりする人々の精神力の健康さえもむしばみ、わが国の文化の実質をまことに脆弱なものにしています。単なる博識以上の根強い思索力・判断力、および確かな技術にささえられた教養を必要とする日本の将来にとって、これは真剣に憂慮されなければならない事態であるといわなければなりません。

わたしたちの「講談社現代新書」は、この事態の克服を意図して計画されたものです。これによってわたしたちは、講壇からの天下りでもなく、単なる解説書でもない、もっぱら万人の魂に生ずる初発的かつ根本的な問題をとらえ、掘り起こし、手引きし、しかも最新の知識への展望を万人に確立させる書物を、新しく世の中に送り出したいと念願しています。

わたしたちは、創業以来民衆を対象とする啓蒙の仕事に専心してきた講談社にとって、これこそもっともふさわしい課題であり、伝統ある出版社としての義務でもあると考えているのです。

一九六四年四月　**野間省一**